Marketing Digital para el Éxito

Introducción al Marketing Digital

• Evolución del marketing digital

La evolución del marketing digital ha sido un proceso vertiginoso, caracterizado por la rápida integración de la tecnología en las estrategias de marketing y comunicación. Este cambio ha impulsado transformaciones en la forma en que las empresas llegan a sus clientes, superando los métodos tradicionales y adaptándose a un entorno en constante digitalización. Desde sus inicios, el marketing digital ha pasado de ser una simple extensión del marketing tradicional a convertirse en un pilar fundamental y complejo en la estrategia empresarial.

Los primeros indicios del marketing digital se remontan a los años noventa, cuando internet comenzó a convertirse en un recurso accesible para el público general. Durante este período, la creación de sitios web permitió a las empresas tener una presencia en línea básica. Sin embargo, la mayoría de estos sitios eran estáticos y carecían de interactividad con el usuario. A medida que la tecnología de la web avanzó, surgieron nuevas oportunidades, como la posibilidad de enviar correos electrónicos masivos y el desarrollo de los primeros motores de búsqueda, que cambiaron la manera en que la información era accesible para los usuarios. El correo electrónico fue una de las primeras herramientas utilizadas para la comunicación de marketing digital, marcando el inicio de lo que hoy conocemos como email marketing. Aunque estos correos carecían de la personalización que vemos actualmente, ya comenzaron a mostrar la capacidad del marketing digital para llegar de manera directa a los consumidores.

Con el cambio de siglo, surgió un cambio significativo en el marketing digital debido a la popularización de los motores de búsqueda y la consolidación de Google como líder del mercado. Este fenómeno marcó el nacimiento del marketing de búsqueda, también conocido como SEM (Search Engine Marketing), y de las técnicas de optimización para motores de búsqueda, o SEO. Las empresas se dieron cuenta de que, para ser visibles en la web, necesitaban posicionarse en los primeros resultados de búsqueda, lo que dio lugar a una gran industria centrada en mejorar el ranking en los motores de búsqueda. Este cambio trajo consigo un enfoque en el análisis de palabras clave y en la creación de contenido de calidad, aspectos que han evolucionado continuamente y que aún son relevantes en el marketing digital moderno.

A medida que la web se convirtió en un entorno más dinámico, surgieron las redes sociales, lo que añadió una nueva capa de interacción entre empresas y consumidores. A partir de los años 2000, con la aparición de plataformas como Facebook, Twitter y LinkedIn, el marketing digital empezó a aprovechar el poder de la interacción social. Estas redes no solo permitieron a las marcas interactuar directamente con los clientes, sino que también abrieron nuevas vías para la personalización y segmentación del contenido. La llegada de las redes sociales transformó la comunicación unidireccional en una conversación bidireccional, permitiendo que los usuarios se conviertan en participantes activos en el mensaje de la marca. Este cambio obligó a las empresas a reorientar sus estrategias, creando contenido interactivo y relevante que fomentara el compromiso y la lealtad de los clientes.

En la última década, el avance de la tecnología ha seguido revolucionando el marketing digital. La explosión de dispositivos móviles y la expansión de la conectividad digital impulsaron el marketing móvil, adaptando el contenido y las estrategias para dispositivos como smartphones y tabletas. Este cambio amplió las oportunidades de alcance para las marcas, que comenzaron a experimentar con aplicaciones móviles, geolocalización y notificaciones push, acercándose aún más a los usuarios en sus momentos cotidianos. Además, la publicidad digital evolucionó considerablemente gracias a la capacidad de segmentar a los usuarios de manera muy precisa, permitiendo llegar a públicos específicos basados en sus intereses, comportamientos en línea y ubicación geográfica. La evolución de algoritmos avanzados, como los utilizados en plataformas de redes sociales y motores de búsqueda, permitió que el marketing digital no solo fuera más eficaz, sino también más personalizado.

Más recientemente, la inteligencia artificial y el machine learning han revolucionado el marketing digital al permitir un análisis de datos en tiempo real y la automatización de tareas. Las herramientas de IA han dado lugar a nuevas estrategias, como el marketing conversacional, que utiliza chatbots y asistentes virtuales para interactuar con los clientes de manera instantánea. Esto permite a las marcas ofrecer una experiencia de usuario personalizada y mejorar la satisfacción del cliente. A través del análisis de datos, las empresas pueden ahora predecir comportamientos de compra, ajustar campañas de manera dinámica y maximizar el retorno de inversión. La personalización ha alcanzado un nivel sin precedentes, y ahora es posible mostrar anuncios y contenido personalizado basado en el comportamiento pasado y las preferencias individuales de cada usuario.

Hoy en día, el marketing digital es una disciplina compleja que integra múltiples canales, desde las redes sociales hasta el marketing de contenidos, la publicidad de pago, el SEO y el marketing por correo electrónico. Cada uno de estos elementos está impulsado por la tecnología y la capacidad de recopilar y analizar datos. La evolución del marketing digital ha transformado la relación entre marcas y consumidores, convirtiendo la interacción en una experiencia personalizada, basada en la confianza y la transparencia. En un mundo donde el consumidor tiene cada vez más poder, las empresas deben adaptarse continuamente a las nuevas tendencias y tecnologías para mantenerse relevantes y competitivas en el mercado digital.

La evolución del marketing digital refleja una adaptación constante a las demandas y comportamientos cambiantes de los consumidores. Lo que comenzó como una extensión del marketing tradicional se ha convertido en una disciplina imprescindible que exige innovación, agilidad y una comprensión profunda del cliente. La digitalización ha permitido que el marketing sea cada vez más efectivo, segmentado y centrado en el cliente, lo cual seguirá moldeando el panorama empresarial en los próximos años.

• Importancia en el mundo actual

La importancia del marketing digital en el mundo actual no puede ser subestimada, ya que en poco tiempo se ha convertido en el núcleo de las estrategias empresariales y en una herramienta esencial para la conexión entre marcas y consumidores. En una era marcada por la transformación digital y el acceso constante a la información, las empresas deben estar donde están sus clientes, y hoy en día, los consumidores pasan una parte significativa de su tiempo en el ámbito digital, ya sea en redes sociales, navegando en internet, viendo videos o utilizando aplicaciones móviles. Esto ha llevado al marketing digital a ser no solo relevante, sino indispensable para cualquier negocio que quiera destacar y mantenerse competitivo.

El marketing digital ofrece a las empresas la capacidad de llegar a su audiencia de manera rápida, eficiente y, sobre todo, precisa. A diferencia del marketing tradicional, en el que muchas veces se alcanzan audiencias amplias sin poder conocer su impacto directo, el marketing digital permite segmentar al público objetivo con gran detalle. Esta capacidad de segmentación da a las empresas la posibilidad de dirigir sus mensajes solo a aquellos consumidores que tienen mayores probabilidades de mostrar interés en sus productos o servicios. Gracias a esta precisión, los recursos y esfuerzos son utilizados de forma más eficiente, lo que incrementa la rentabilidad de las campañas de marketing y permite maximizar el retorno de inversión (ROI).

Otro aspecto clave del marketing digital es la capacidad de obtener datos en tiempo real. Mediante herramientas de análisis como Google Analytics o plataformas de redes sociales, las empresas pueden monitorear y evaluar el rendimiento de sus campañas al momento, lo cual permite hacer ajustes rápidos y optimizar los resultados. Esta capacidad de reacción es fundamental en un mundo tan cambiante, en el que las tendencias pueden variar de un día para otro. Al tener una visión clara de lo que funciona y lo que no, las empresas pueden adaptar sus estrategias, lo que permite mantener la relevancia y adaptarse a las preferencias de los consumidores.

La interacción directa con el consumidor es otro de los grandes beneficios del marketing digital. Las redes sociales y los canales de comunicación digital han facilitado un diálogo directo entre las marcas y los consumidores, lo cual genera confianza y lealtad. En lugar de limitarse a mensajes unidireccionales, el marketing digital permite a las empresas establecer una conversación auténtica con sus clientes, escuchar sus necesidades y recibir retroalimentación de manera instantánea. Esta interacción ayuda a fortalecer la relación con el cliente, ya que se crea una conexión emocional y se demuestra un compromiso genuino por parte de la marca. La importancia de esta relación directa radica en que los consumidores actuales valoran la transparencia, la autenticidad y la cercanía; esperan que las empresas no solo ofrezcan productos, sino que también demuestren valores y principios con los que se sientan identificados.

En el mundo actual, la visibilidad online de una empresa es fundamental para su credibilidad. Un negocio que no tiene presencia en internet o que tiene una estrategia digital débil puede ser percibido como anticuado o poco confiable. Esto se vuelve aún más relevante considerando que, hoy en día, los consumidores realizan investigaciones exhaustivas en línea antes de tomar decisiones de compra. Los comentarios en redes sociales, las reseñas en sitios de e-commerce, los blogs y los influencers son factores que influyen en gran medida en las decisiones de compra. El marketing digital permite a las empresas gestionar y cuidar su reputación en estos espacios, promoviendo una imagen positiva de la marca y creando contenido que refuerce la confianza del consumidor en los productos o servicios ofrecidos.

Además, el marketing digital ha democratizado el acceso al mercado, permitiendo que empresas de todos los tamaños compitan en igualdad de condiciones. Antes, solo las grandes empresas podían pagar los altos costos de la publicidad en televisión, radio o medios impresos; sin embargo, con el marketing digital, pequeñas y medianas empresas pueden alcanzar un público global con presupuestos ajustados, utilizando herramientas accesibles y campañas bien segmentadas. Esto ha dado lugar a un ecosistema empresarial mucho más dinámico y diverso, en el que incluso las startups pueden hacerse un lugar y destacarse mediante estrategias innovadoras.

Por último, el marketing digital es crucial en el mundo actual debido a su capacidad para adaptarse a nuevas tecnologías y tendencias. La inteligencia artificial, el machine learning, la realidad aumentada y el marketing de voz son solo algunos ejemplos de tecnologías emergentes que están transformando la forma en que las empresas interactúan con sus clientes. Al integrar estas tecnologías, el marketing digital se mantiene en la vanguardia, permitiendo a las empresas anticiparse a los cambios y ofrecer experiencias únicas y personalizadas. Estas herramientas avanzadas no solo mejoran la eficiencia y precisión de las campañas, sino que también enriquecen la experiencia del consumidor, haciendo que la interacción con la marca sea memorable y diferenciada.

El marketing digital se ha convertido en una pieza clave para el éxito de las empresas en el mundo moderno. Su capacidad de segmentación, análisis en tiempo real, interacción directa con el consumidor y adaptación a nuevas tecnologías lo convierten en una herramienta poderosa para conectar con el cliente de una manera que el marketing tradicional no puede ofrecer. En un entorno altamente competitivo y en constante evolución, el marketing digital no solo es relevante, sino que es fundamental para cualquier empresa que aspire a mantenerse relevante y prosperar en la economía digital actual.

• Ventajas sobre el marketing tradicional

El marketing digital ofrece numerosas ventajas sobre el marketing tradicional, y esto lo ha convertido en el canal preferido para muchas empresas. En una era donde los consumidores pasan gran parte de su tiempo en el entorno digital, la capacidad de llegar a audiencias de manera más eficaz y personalizada es uno de los aspectos más destacados. Estas ventajas se manifiestan en múltiples dimensiones, desde el ahorro en costos hasta la capacidad de segmentación avanzada y la medición en tiempo real, aspectos que han cambiado drásticamente la manera en que las empresas ejecutan sus estrategias de marketing.

Una de las principales ventajas del marketing digital es su accesibilidad y menor costo en comparación con el marketing tradicional. La publicidad en medios como televisión, radio, o impresos suele tener costos elevados, y muchas veces su efectividad depende de la audiencia generalizada a la que se expone. El marketing digital, por otro lado, permite a las empresas de todos los tamaños acceder a herramientas y canales que pueden ajustarse a distintos presupuestos, lo que democratiza el acceso al mercado y permite competir en igualdad de condiciones. Ya sea a través de campañas de redes sociales, anuncios de pago por clic, o marketing de contenidos, el marketing digital ofrece opciones económicas para llegar a audiencias específicas, permitiendo además una mayor flexibilidad y rapidez en el ajuste de campañas.

La capacidad de segmentación que ofrece el marketing digital es otra ventaja esencial que supera al marketing tradicional. Con herramientas avanzadas de análisis, las empresas pueden identificar y dirigirse a segmentos específicos de la audiencia basándose en datos detallados como demografía, intereses, comportamientos de compra, y ubicación geográfica. A diferencia del marketing tradicional, donde el alcance es más amplio y general, el marketing digital permite enfocar el mensaje de manera precisa a aquellos consumidores que tienen más probabilidades de estar interesados en los productos o servicios ofrecidos. Esto no solo aumenta la eficacia de la campaña, sino que también reduce el desperdicio de recursos, maximizando el retorno de inversión (ROI).

El marketing digital también ofrece la ventaja de la interacción directa con el consumidor. Las redes sociales y otras plataformas en línea permiten a las marcas dialogar con sus clientes, recibir retroalimentación inmediata y responder a sus preguntas o inquietudes al instante. En contraste, el marketing tradicional suele ser unidireccional y no permite una interacción activa. Esta capacidad de respuesta en tiempo real no solo fortalece la relación con el cliente, sino que también permite a las empresas ajustar rápidamente su mensaje en función de los comentarios recibidos, adaptándose a las expectativas y necesidades cambiantes del consumidor. La interacción bidireccional fomenta una relación de confianza y lealtad, creando una conexión emocional que puede ser difícil de lograr con los medios tradicionales.

Otra ventaja clave del marketing digital es la capacidad de medir y analizar resultados de manera precisa e inmediata. Las herramientas de análisis permiten monitorear el rendimiento de cada campaña, proporcionando datos detallados sobre clics, conversiones, tiempo en la página, y otras métricas que reflejan el nivel de interacción de los usuarios con el contenido. Este acceso a información en tiempo real permite a las empresas tomar decisiones informadas, ajustar campañas en marcha, e identificar qué tácticas están funcionando mejor. A diferencia del marketing tradicional, donde la evaluación de los resultados es más lenta y depende de indicadores indirectos, el marketing digital ofrece métricas claras que ayudan a optimizar constantemente la estrategia y mejorar el ROI.

La flexibilidad y adaptabilidad del marketing digital es otra de sus mayores ventajas sobre el marketing tradicional. En el entorno digital, una campaña puede ser ajustada o incluso reestructurada en cuestión de horas, lo cual es impensable en el marketing tradicional. Si una estrategia no está generando los resultados esperados, es posible realizar cambios en el mensaje, ajustar el presupuesto, o incluso suspender la campaña sin generar grandes pérdidas. Esto permite a las empresas adaptarse rápidamente a las tendencias del mercado y a los cambios en las preferencias del consumidor. Además, el marketing digital brinda la oportunidad de realizar pruebas A/B, una metodología que permite comparar diferentes versiones de una misma campaña para ver cuál genera un mejor rendimiento. Con esta técnica, las empresas pueden optimizar sus campañas antes de lanzar versiones definitivas, aumentando la probabilidad de éxito desde el principio.

Otra ventaja fundamental del marketing digital es la personalización del contenido, una característica que los consumidores valoran enormemente en la actualidad. Gracias a los datos recogidos, las empresas pueden personalizar sus mensajes según el perfil individual de cada cliente, ofreciendo recomendaciones de productos, promociones, o contenidos que se ajusten a los intereses específicos de cada usuario. Esta personalización no solo mejora la experiencia del cliente, sino que también incrementa la probabilidad de conversión, ya que los consumidores están más inclinados a interactuar con contenido que sienten diseñado especialmente para ellos. El marketing tradicional, con sus formatos más generales, no tiene esta capacidad de personalización y tiende a depender de mensajes estandarizados que buscan resonar con una audiencia más amplia y diversa.

Finalmente, el alcance global del marketing digital representa otra gran ventaja sobre los métodos tradicionales. Gracias a internet, una empresa puede llegar a audiencias en cualquier parte del mundo sin las barreras geográficas que presentan los medios tradicionales. Esto es especialmente relevante para empresas pequeñas o medianas que desean expandirse a mercados internacionales, ya que el marketing digital permite acceder a una audiencia global con una inversión mucho menor que la requerida en medios tradicionales para llegar a otros países. Además, el marketing digital permite adaptarse a los distintos idiomas y culturas, haciendo que las campañas sean inclusivas y culturalmente relevantes en cada región.

El marketing digital supera al marketing tradicional en múltiples aspectos: ofrece accesibilidad económica, precisión en la segmentación, interacción directa con los clientes, medición de resultados en tiempo real, adaptabilidad y personalización del contenido, así como un alcance global. Estas ventajas no solo han hecho que el marketing digital se convierta en la estrategia preferida para muchas empresas, sino que también han cambiado fundamentalmente la relación entre marcas y consumidores, estableciendo un nuevo estándar para el éxito en el mundo moderno.

Fundamentos del Marketing Digital

- ## Branding y posicionamiento

El branding y el posicionamiento son dos conceptos fundamentales en el marketing digital que desempeñan un papel crucial en la forma en que una marca se presenta y se percibe en el mercado. Ambos elementos son interdependientes y contribuyen a la creación de una identidad de marca sólida, así como a la diferenciación en un entorno empresarial cada vez más competitivo.

Branding se refiere al proceso de construir y gestionar la percepción de una marca en la mente de los consumidores. Implica no solo el diseño del logotipo, los colores y la tipografía, sino también la creación de una historia de marca y valores que resuenen con el público objetivo. Un branding efectivo va más allá de la simple identificación visual; se trata de establecer una conexión emocional entre la marca y sus consumidores. Esta conexión se basa en la promesa de la marca, que debe ser clara y consistente en todos los puntos de contacto con el cliente, desde la publicidad hasta la experiencia del usuario en el sitio web y la atención al cliente.

En el contexto del marketing digital, el branding se apoya en una variedad de herramientas y tácticas. Las redes sociales, por ejemplo, son plataformas poderosas para construir y reforzar la identidad de la marca. A través de contenido relevante y auténtico, las empresas pueden compartir su historia, valores y misión, creando una comunidad en torno a la marca. La interacción directa con los seguidores en estas plataformas también permite a las marcas humanizarse, lo que contribuye a establecer relaciones más cercanas y duraderas con sus clientes. Además, el uso de influencers y embajadores de marca puede amplificar el alcance del branding, permitiendo que las marcas se presenten de manera orgánica y auténtica a nuevas audiencias.

Por otro lado, el **posicionamiento** se refiere a la estrategia que una marca utiliza para diferenciarse de la competencia y ocupar un lugar único en la mente de los consumidores. El posicionamiento efectivo implica identificar y comunicar claramente lo que hace que la marca sea especial y relevante en comparación con otras opciones disponibles en el mercado. Para lograr esto, las marcas deben entender profundamente a su público objetivo, así como el panorama competitivo en el que operan. Esto implica investigar las necesidades, deseos y comportamientos de los consumidores, así como analizar cómo se posicionan otras marcas similares.

El posicionamiento se puede lograr a través de diversas tácticas, como la segmentación de mercado, donde la marca se enfoca en nichos específicos que pueden ser desatendidos por la competencia. También puede implicar la creación de propuestas de valor únicas, que destaquen características o beneficios que son exclusivos de la marca. La claridad en el mensaje de posicionamiento es fundamental; este mensaje debe ser coherente en todas las plataformas digitales, asegurando que los consumidores comprendan la esencia de la marca y lo que la diferencia.

Un elemento clave en el posicionamiento es la **promesa de la marca**, que debe estar alineada con las expectativas del consumidor. Esta promesa se traduce en la experiencia que los clientes tienen al interactuar con la marca, y es esencial que se cumpla para construir y mantener la confianza del consumidor. Las marcas que cumplen su promesa de manera consistente tienden a ser más valoradas y recordadas por los consumidores, lo que les otorga una ventaja competitiva en el mercado.

La relación entre branding y posicionamiento es crítica. Mientras que el branding se centra en construir la identidad y la imagen de la marca, el posicionamiento se enfoca en cómo esa identidad se traduce en la percepción del consumidor. Un branding sólido puede facilitar un posicionamiento efectivo al proporcionar un marco coherente y atractivo para la comunicación de la marca. Por ejemplo, una marca que se posiciona como líder en sostenibilidad puede respaldar esta imagen mediante un branding que resalte su compromiso con el medio ambiente en todos sus mensajes y visuales.

En el marketing digital, la implementación de estrategias de branding y posicionamiento se apoya en herramientas analíticas que permiten a las empresas medir la efectividad de sus esfuerzos. Las métricas de reconocimiento de marca, la lealtad del cliente, y la percepción de la marca son indicadores críticos que pueden guiar las estrategias de branding y posicionamiento. Además, el análisis de la competencia y el monitoreo de tendencias en el comportamiento del consumidor permiten ajustar las estrategias según las necesidades cambiantes del mercado.

El branding y el posicionamiento son elementos esenciales en el marketing digital que, cuando se ejecutan de manera efectiva, pueden llevar a una marca a nuevas alturas. Mientras que el branding establece la identidad y la conexión emocional con el consumidor, el posicionamiento define el lugar único que ocupa la marca en el mercado. Juntos, forman la base de una estrategia de marketing digital exitosa que no solo atrae a los consumidores, sino que también construye relaciones duraderas y significativas con ellos.

• Definición de objetivos y métricas (Kpis)

La definición de objetivos y métricas, especialmente a través de los indicadores clave de rendimiento (Kpis), es un componente esencial de cualquier estrategia de marketing digital exitosa. Establecer objetivos claros permite a las empresas orientar sus esfuerzos y recursos hacia resultados específicos, mientras que el uso de Kpis proporciona una forma cuantificable de medir el progreso y la efectividad de esas estrategias.

Definición de objetivos

En el contexto del marketing digital, los objetivos deben ser específicos, medibles, alcanzables, relevantes y limitados en el tiempo (SMART). Esta metodología garantiza que los objetivos no sean vagos o abstractos, lo que podría llevar a esfuerzos dispersos y falta de dirección. Por ejemplo, en lugar de establecer un objetivo general como "aumentar las ventas", una formulación SMART podría ser "incrementar las ventas en un 20% durante el próximo trimestre a través de campañas de publicidad en redes sociales". Esta claridad en la definición permite a los equipos de marketing concentrar sus esfuerzos en acciones concretas que contribuyan a lograr los resultados deseados.

Los objetivos en marketing digital pueden abarcar diversas áreas, como el aumento de la visibilidad de la marca, la generación de leads, la conversión de clientes, la fidelización de consumidores, o el crecimiento de la audiencia en plataformas digitales. Cada uno de estos objetivos puede ser desglosado en sub-objetivos más pequeños, lo que facilita la planificación y ejecución de estrategias específicas. Por ejemplo, si el objetivo principal es aumentar la generación de leads, se pueden establecer sub-objetivos como "incrementar el tráfico al sitio web en un 30%" o "mejorar la tasa de conversión de formularios de contacto en un 15%".

Métricas y KPIs

Una vez que se han definido los objetivos, el siguiente paso es establecer métricas y KPIs que permitan medir el progreso hacia esos objetivos. Los KPIs son indicadores cuantitativos que ayudan a evaluar el rendimiento de las estrategias de marketing digital. Estos pueden variar según el tipo de objetivo, pero deben ser seleccionados cuidadosamente para asegurarse de que reflejen efectivamente el éxito o la falta del mismo.

Existen varios tipos de KPIs que las empresas pueden utilizar, y su elección dependerá de la naturaleza de los objetivos. Por ejemplo, para un objetivo relacionado con la generación de tráfico, se podrían utilizar métricas como el número de visitantes únicos al sitio web, la tasa de rebote (porcentaje de visitantes que abandonan el sitio sin interactuar), y el tiempo medio que los usuarios pasan en el sitio. Para objetivos de conversión, las métricas relevantes podrían incluir la tasa de conversión (porcentaje de visitantes que realizan una acción deseada, como completar una compra) y el valor medio del pedido (promedio de ingresos por transacción).

Además, las empresas deben considerar KPIs cualitativos, que aunque son más difíciles de cuantificar, pueden ofrecer información valiosa sobre la percepción de la marca y la satisfacción del cliente. Estos pueden incluir encuestas de satisfacción del cliente, comentarios en redes sociales, y análisis de la reputación de la marca en línea.

La revisión periódica de los KPIs es fundamental para ajustar y optimizar las estrategias de marketing digital. Al monitorear estos indicadores de manera regular, las empresas pueden identificar qué tácticas están funcionando y cuáles requieren ajustes. Por ejemplo, si se observa que la tasa de conversión de una campaña de email marketing es baja, podría ser necesario revisar el contenido del correo, la segmentación de la lista de destinatarios, o la oferta presentada.

Además, es importante que las empresas integren un enfoque de aprendizaje continuo en su estrategia de marketing digital. Esto implica no solo analizar los resultados en función de los KPIs, sino también reflexionar sobre los fracasos y éxitos para implementar cambios significativos. Las lecciones aprendidas a partir de los datos pueden guiar el desarrollo de futuras campañas y estrategias, asegurando que la empresa no solo reaccione ante los resultados, sino que también anticipe y se adapte a las tendencias del mercado.

La tecnología juega un papel crucial en la recolección y análisis de datos para el seguimiento de KPIs. Herramientas como Google Analytics, plataformas de gestión de redes sociales, y software de automatización de marketing permiten a las empresas recopilar datos en tiempo real, proporcionando una visión integral del rendimiento de las campañas. Estas herramientas no solo facilitan el seguimiento de KPIs, sino que también ofrecen análisis profundos que pueden informar sobre la toma de decisiones estratégicas.

La definición de objetivos y métricas (KPIs) es un proceso fundamental que permite a las empresas de marketing digital enfocar sus esfuerzos de manera efectiva y medir su éxito. Establecer objetivos claros y utilizar KPIs bien definidos permite no solo evaluar el rendimiento, sino también ajustar estrategias en tiempo real para maximizar el impacto. A través de un enfoque sistemático en la medición y el análisis, las empresas pueden transformar sus datos en decisiones informadas, impulsando su crecimiento y éxito en un entorno digital en constante cambio.

• Análisis del público objetivo y el buyer persona

El análisis del público objetivo y la creación del buyer persona son pasos esenciales en el desarrollo de estrategias efectivas de marketing digital. Ambos conceptos permiten a las empresas comprender mejor a quién se dirigen y cómo pueden adaptar sus mensajes y tácticas para satisfacer las necesidades y deseos de sus consumidores. Este entendimiento profundo no solo mejora la relevancia de las campañas de marketing, sino que también optimiza la experiencia del cliente, lo que puede traducirse en una mayor lealtad y conversión.

Análisis del público objetivo

El público objetivo se refiere al grupo específico de consumidores al que una empresa desea vender sus productos o servicios. Este grupo se define a través de una combinación de factores demográficos, geográficos, psicográficos y conductuales. La segmentación del público objetivo permite a las empresas enfocar sus esfuerzos de marketing en las personas que tienen más probabilidades de estar interesadas en lo que ofrecen, lo que incrementa la eficacia de las campañas.

El primer paso en el análisis del público objetivo es recopilar y analizar datos. Esto puede incluir información demográfica, como la edad, el género, el nivel educativo, el estado civil y los ingresos. Además, se deben considerar factores geográficos que pueden influir en el comportamiento de compra, como la ubicación y el clima. Por último, los aspectos psicográficos, que abarcan los intereses, valores, actitudes y estilos de vida, son igualmente importantes para entender las motivaciones detrás de las decisiones de compra.

Para llevar a cabo un análisis efectivo del público objetivo, las empresas pueden utilizar diversas herramientas y técnicas. Las encuestas y entrevistas son métodos directos que permiten obtener información cualitativa y cuantitativa sobre las preferencias y comportamientos de los consumidores. Además, las plataformas de análisis web, como Google Analytics, pueden proporcionar información sobre el comportamiento de los visitantes del sitio web, como las páginas más visitadas, la duración de la visita y la tasa de rebote.

Otra herramienta valiosa son las redes sociales, que permiten a las empresas observar las interacciones y preferencias de su audiencia en tiempo real. Analizar los comentarios, "me gusta" y compartidos puede ofrecer una visión clara de lo que atrae y motiva a los consumidores. Las empresas también pueden utilizar herramientas de escucha social para monitorear conversaciones relevantes sobre su marca, competencia y tendencias del mercado, lo que ayuda a identificar oportunidades y áreas de mejora.

Una vez recopilada esta información, es fundamental clasificar y segmentar el público objetivo en grupos más manejables. Esta segmentación no solo facilita la creación de campañas más personalizadas y efectivas, sino que también permite a las empresas ajustar su comunicación y tácticas según las características y preferencias de cada grupo.

El buyer persona

El concepto de buyer persona se refiere a la representación semi-ficticia del cliente ideal de una empresa, creada a partir de datos reales y supuestos sobre sus comportamientos, motivaciones, objetivos y desafíos. A diferencia del público objetivo, que es un grupo más amplio, el buyer persona es un perfil más detallado que ayuda a las empresas a comprender a sus clientes de manera más individual y a crear estrategias de marketing más personalizadas.

Para construir un buyer persona efectivo, las empresas deben seguir un proceso que incluye la recopilación de datos, la identificación de patrones y la creación de una representación detallada del cliente ideal. Este proceso comienza con la recopilación de información demográfica y psicográfica, similar al análisis del público objetivo, pero se centra en aspectos más profundos, como los intereses, necesidades, miedos y aspiraciones del cliente.

Un buyer persona debe incluir detalles como el nombre ficticio, la edad, la ocupación, los ingresos, los objetivos personales y profesionales, los desafíos que enfrenta, y cómo su producto o servicio puede ayudar a resolver esos desafíos. Por ejemplo, si una empresa vende software de gestión de proyectos, su buyer persona podría ser "María, gerente de proyectos de 35 años en una empresa de tecnología que busca mejorar la colaboración en su equipo y reducir el tiempo de entrega de proyectos".

Es útil crear múltiples buyer personas para representar diferentes segmentos de la audiencia. Esto permite a las empresas diversificar sus estrategias de marketing y dirigirse a diferentes grupos de manera efectiva. Cada buyer persona debe ser considerado en las decisiones de marketing, desde la creación de contenido hasta la selección de canales y tácticas de publicidad.

La construcción de un buyer persona no es un proceso estático; debe actualizarse y revisarse regularmente para reflejar cambios en el mercado, las tendencias y el comportamiento del consumidor. Las empresas pueden recopilar información continua a través de encuestas post-venta, entrevistas a clientes y análisis de datos de comportamiento en línea.

Al utilizar tanto el análisis del público objetivo como el desarrollo del buyer persona, las empresas pueden crear estrategias de marketing digital más efectivas y centradas en el cliente. Esto se traduce en campañas más relevantes, con mensajes que resuenan con el público, lo que a su vez incrementa la tasa de conversión y la satisfacción del cliente.

El análisis del público objetivo y la creación del buyer persona son procesos interrelacionados que permiten a las empresas comprender mejor a sus consumidores y adaptar sus estrategias de marketing en consecuencia. Al tener una comprensión profunda de quiénes son sus clientes y qué es lo que realmente valoran, las empresas pueden maximizar su impacto en el mercado y construir relaciones más sólidas y duraderas con su audiencia.

SEO y Optimización para Motores de Búsqueda

• Fundamentos de SEO

El SEO (Search Engine Optimization) es un conjunto de técnicas y estrategias utilizadas para mejorar la visibilidad y el posicionamiento de un sitio web en los motores de búsqueda, como Google. La importancia del SEO en el marketing digital radica en que la mayoría de los usuarios comienza su búsqueda de información, productos o servicios a través de un motor de búsqueda. Por lo tanto, aparecer en las primeras posiciones de los resultados de búsqueda puede aumentar significativamente el tráfico orgánico hacia un sitio web, mejorar la reputación de la marca y, en última instancia, aumentar las conversiones y las ventas. Para lograr estos objetivos, es esencial entender los fundamentos del SEO.

1. Comprensión de los motores de búsqueda

Para optimizar un sitio web, es crucial entender cómo funcionan los motores de búsqueda. Cuando un usuario realiza una búsqueda, el motor de búsqueda utiliza algoritmos complejos para determinar qué páginas web son más relevantes y útiles para esa consulta. Este proceso involucra tres etapas principales: la indexación, el rastreo y la recuperación de datos.

- **Rastreo:** Los motores de búsqueda utilizan bots o "arañas" para explorar la web y rastrear las páginas. Estas arañas siguen enlaces en las páginas y recogen información sobre el contenido de cada página.

- **Indexación:** Una vez que las páginas han sido rastreadas, el motor de búsqueda las indexa. Esto significa que almacena información sobre el contenido y la estructura de cada página en su base de datos. La indexación es fundamental, ya que solo las páginas que están indexadas pueden aparecer en los resultados de búsqueda.

- **Recuperación:** Cuando un usuario realiza una búsqueda, el motor de búsqueda consulta su índice para encontrar las páginas que coinciden con la consulta y las clasifica según su relevancia. La clasificación se basa en una variedad de factores, que son el enfoque principal del SEO.

2. Factores de posicionamiento

Existen múltiples factores que los motores de búsqueda utilizan para clasificar las páginas en sus resultados. Estos factores se pueden clasificar en dos categorías principales: **on-page** y **off-page**.

- **SEO On-Page:** Se refiere a las optimizaciones realizadas dentro del sitio web mismo. Esto incluye aspectos como:

   - **Palabras clave:** La investigación de palabras clave es esencial para identificar los términos que los usuarios están buscando. Las palabras clave deben ser relevantes para el contenido de la página y deben integrarse de manera natural en títulos, encabezados, texto, meta descripciones y atributos alt de imágenes.

   - **Estructura del contenido:** Un contenido bien estructurado y fácil de leer es vital para el SEO. Utilizar encabezados (H1, H2, H3, etc.) para organizar el contenido mejora la legibilidad y ayuda a los motores de búsqueda a entender la jerarquía de la información.

   - **Optimización de metaetiquetas:** Las metaetiquetas, como el título y la descripción, son importantes porque aparecen en los resultados de búsqueda. Deben ser atractivas y contener palabras clave relevantes para atraer clics.

- ○ **Velocidad de carga:** Un sitio web que se carga rápidamente ofrece una mejor experiencia al usuario y es favorecido por los motores de búsqueda. Optimizar imágenes, utilizar el almacenamiento en caché y elegir un buen hosting son formas de mejorar la velocidad.

- ○ **Experiencia del usuario (UX):** La facilidad de navegación, la compatibilidad con dispositivos móviles y la calidad del contenido influyen en la experiencia del usuario, lo que a su vez puede afectar la tasa de rebote y el tiempo en el sitio, factores que los motores de búsqueda consideran al clasificar páginas.

- **SEO Off-Page:** Se refiere a las acciones realizadas fuera del sitio web que pueden influir en su posicionamiento. Esto incluye:

- ○ **Backlinks:** Los enlaces entrantes de otros sitios web hacia el tuyo son un indicador de autoridad y relevancia. Cuantos más backlinks de calidad tenga un sitio, mayor será su potencial de posicionamiento. La calidad de los enlaces es más importante que la cantidad; enlaces de sitios relevantes y confiables son más valiosos.

- ○ **Menciones de la marca:** Las menciones en redes sociales, blogs y otros sitios pueden mejorar la visibilidad y la autoridad de una marca. Aunque no todos estos enlaces son "dofollow" (que transmiten autoridad), contribuyen a la reputación en línea.

- ○ **Redes sociales:** La presencia activa en redes sociales puede aumentar la visibilidad de la marca y generar tráfico hacia el sitio web. Aunque los enlaces de redes sociales no afectan directamente el SEO, un mayor engagement puede atraer enlaces naturales y aumentar la exposición.

3. Actualización constante y tendencias de SEO

El SEO no es un proceso estático; los motores de búsqueda actualizan regularmente sus algoritmos para mejorar la calidad de los resultados y combatir técnicas de manipulación. Por lo tanto, es vital mantenerse al día con las tendencias y cambios en el SEO. Algunas tendencias actuales incluyen:

- **Búsqueda por voz:** Con el aumento de dispositivos como asistentes virtuales y altavoces inteligentes, la búsqueda por voz está en auge. Las consultas tienden a ser más largas y conversacionales, lo que implica un cambio en la forma de elegir palabras clave y crear contenido.

- **Búsqueda semántica:** Los motores de búsqueda están mejorando su capacidad para entender la intención detrás de las búsquedas. Esto significa que es fundamental centrarse en contenido que no solo contenga palabras clave, sino que también responda a preguntas y ofrezca valor real al usuario.

- **SEO local:** Con el creciente uso de dispositivos móviles, la búsqueda local se ha vuelto crucial. Las empresas deben asegurarse de optimizar su presencia en línea para atraer a clientes locales, utilizando herramientas como Google My Business.

- **Contenido de calidad:** La calidad del contenido es fundamental para el SEO. Crear contenido original, relevante y útil para los usuarios es clave para mejorar el posicionamiento.

El SEO es un pilar fundamental del marketing digital que requiere una comprensión profunda de cómo funcionan los motores de búsqueda y qué factores influyen en el posicionamiento. Al optimizar tanto los elementos on-page como off-page, y al mantenerse al día con las tendencias y cambios del sector, las empresas pueden mejorar significativamente su visibilidad en línea y atraer tráfico de calidad a sus sitios web. Una estrategia de SEO bien ejecutada no solo impulsa la visibilidad de la marca, sino que también puede resultar en una mayor tasa de conversión y una mejor experiencia general para el usuario.

• Estrategias de palabras clave

Las estrategias de palabras clave son fundamentales en el marketing digital, ya que permiten a las empresas optimizar su contenido y atraer tráfico relevante a sus sitios web. Las palabras clave son los términos y frases que los usuarios introducen en los motores de búsqueda para encontrar información, productos o servicios. Al identificar y utilizar las palabras clave adecuadas, las empresas pueden mejorar su posicionamiento en los resultados de búsqueda y conectar con su audiencia objetivo. A continuación, se detallan las etapas clave en el desarrollo de estrategias de palabras clave efectivas.

1. Investigación de palabras clave

La investigación de palabras clave es el primer paso en cualquier estrategia de SEO. Implica identificar los términos y frases que son relevantes para el negocio y que los usuarios están buscando activamente. Existen diversas herramientas y métodos para llevar a cabo esta investigación:

- **Herramientas de palabras clave:** Existen herramientas específicas, como Google Keyword Planner, SEMrush, Ahrefs y Ubersuggest, que permiten descubrir palabras clave relacionadas y obtener datos sobre el volumen de búsqueda, la competencia y las tendencias. Estas herramientas ayudan a identificar tanto las palabras clave principales como las de cola larga (long-tail), que son frases más específicas y suelen tener menos competencia.

- **Análisis de la competencia:** Observar qué palabras clave están utilizando los competidores puede ofrecer información valiosa. Analizar sus páginas web, contenido y anuncios puede ayudar a descubrir oportunidades que no se habían considerado.

- **Preguntas y temas relevantes:** Explorar foros, redes sociales y plataformas de preguntas y respuestas, como Quora, puede proporcionar ideas sobre las preguntas y preocupaciones comunes de los usuarios, lo que puede guiar la selección de palabras clave.

2. Clasificación y selección de palabras clave

Una vez recopiladas las palabras clave, el siguiente paso es clasificarlas y seleccionar aquellas que sean más adecuadas para la estrategia de contenido. Para esto, es importante considerar varios factores:

- **Relevancia:** Las palabras clave deben ser relevantes para el negocio y el contenido que se está creando. La selección de palabras clave debe alinearse con los objetivos comerciales y el público objetivo.

- **Volumen de búsqueda:** Las palabras clave con un alto volumen de búsqueda pueden atraer más tráfico, pero también suelen tener mayor competencia. Es importante encontrar un equilibrio entre el volumen de búsqueda y la competencia.

- **Intención de búsqueda:** Comprender la intención detrás de la búsqueda es crucial. Las palabras clave pueden estar relacionadas con diferentes etapas del embudo de conversión: informativas (buscando aprender algo), navegacionales (buscando un sitio específico) o transaccionales (listos para realizar una compra). Seleccionar palabras clave según la intención ayuda a crear contenido que satisfaga las necesidades de los usuarios en cada etapa.

- **Long-tail vs. short-tail:** Las palabras clave de cola larga suelen tener menos competencia y atraen tráfico más específico. Aunque tienen un volumen de búsqueda más bajo, pueden generar tasas de conversión más altas porque están dirigidas a usuarios que buscan algo muy específico.

Incluir una mezcla de palabras clave de cola corta y larga en la estrategia es beneficioso.

3. Optimización de contenido

Una vez seleccionadas las palabras clave, es hora de optimizar el contenido para asegurarse de que los motores de búsqueda lo reconozcan como relevante para esas búsquedas. Esto incluye:

- **Uso estratégico de palabras clave:** Incluir las palabras clave seleccionadas de manera natural en títulos, encabezados, texto principal y meta descripciones. Sin embargo, es crucial evitar el "keyword stuffing", que se refiere a la sobreutilización de palabras clave, ya que puede perjudicar la legibilidad del contenido y resultar en penalizaciones por parte de los motores de búsqueda.

- **Creación de contenido de calidad:** El contenido debe ser útil, informativo y relevante para los usuarios. Google favorece el contenido que satisface las necesidades de los usuarios, por lo que es importante enfocarse en crear valor en lugar de simplemente incorporar palabras clave.

- **Optimización de imágenes y multimedia:** Las imágenes, videos y otros elementos multimedia también deben ser optimizados. Utilizar descripciones y atributos alt que incluyan palabras clave puede mejorar la visibilidad en las búsquedas de imágenes y contribuir al SEO general del contenido.

4. Monitoreo y ajuste de estrategias

El SEO es un proceso continuo. Después de implementar la estrategia de palabras clave, es importante monitorear su rendimiento y realizar ajustes según sea necesario. Esto incluye:

- **Análisis de métricas:** Utilizar herramientas como Google Analytics y Google Search Console para analizar el rendimiento de las palabras clave. Observar métricas como el tráfico orgánico, la tasa de clics (CTR), el tiempo en el sitio y la tasa de rebote puede ayudar a identificar qué palabras clave están funcionando bien y cuáles necesitan ajustes.

- **Actualización de contenido:** Con el tiempo, algunas palabras clave pueden volverse menos relevantes o perder popularidad. Es importante revisar y actualizar regularmente el contenido para asegurarse de que siga siendo relevante y optimizado para las palabras clave actuales.

- **Adaptación a cambios en el comportamiento del consumidor:** A medida que las tendencias y comportamientos de búsqueda evolucionan, también deben hacerlo las estrategias de palabras clave. Mantenerse informado sobre las tendencias del mercado y los cambios en las preferencias de los consumidores es esencial para ajustar la estrategia y seguir siendo competitivo.

Las estrategias de palabras clave son un componente vital del SEO y el marketing digital. A través de una investigación exhaustiva, la selección cuidadosa de palabras clave, la optimización del contenido y el monitoreo continuo, las empresas pueden mejorar su visibilidad en línea, atraer tráfico relevante y aumentar las conversiones. La implementación de estrategias de palabras clave efectivas no solo ayuda a alcanzar una audiencia más amplia, sino que también crea una experiencia de usuario más satisfactoria, lo que es fundamental en un entorno digital en constante cambio.

• SEO On-page y Off-page

El SEO se divide comúnmente en dos categorías principales: SEO on-page y SEO off-page. Ambos son componentes esenciales para mejorar la visibilidad de un sitio web en los motores de búsqueda y atraer tráfico orgánico, pero se centran en diferentes aspectos del proceso de optimización. A continuación, se explican en detalle ambos enfoques y sus respectivas estrategias.

SEO On-Page

El SEO on-page se refiere a todas las acciones y optimizaciones que se realizan directamente dentro del sitio web para mejorar su posicionamiento en los motores de búsqueda. Esto incluye la estructura del sitio, el contenido, la experiencia del usuario y varios otros factores que influyen en cómo los motores de búsqueda interpretan y valoran una página.

1. Contenido de Calidad

El contenido es uno de los factores más importantes en el SEO on-page. Para optimizarlo, es fundamental:

- **Relevancia:** Crear contenido que sea relevante y útil para los usuarios. Debe abordar sus necesidades, preguntas y problemas específicos.

- **Originalidad:** El contenido debe ser original y aportar valor, evitando el plagio. Google favorece el contenido único.

- **Palabras Clave:** Incorporar palabras clave de forma natural en el texto, así como en títulos y subtítulos, ayuda a los motores de búsqueda a comprender de qué trata la página.

2. Etiquetas y Metaetiquetas

Las etiquetas y metaetiquetas ayudan a los motores de búsqueda a entender el contenido de una página. Entre las más importantes se encuentran:

- **Título de la Página:** El título debe ser atractivo, contener palabras clave relevantes y no exceder los 60 caracteres.

- **Meta Descripción:** Aunque no afecta directamente al posicionamiento, una buena meta descripción puede aumentar la tasa de clics (CTR) al ofrecer un resumen convincente del contenido. Debe incluir palabras clave y tener entre 150 y 160 caracteres.

- **Etiquetas de Encabezado (H1, H2, H3):** Utilizar encabezados adecuados organiza el contenido y mejora la legibilidad. El H1 debe contener la palabra clave principal y describir claramente el tema.

3. Estructura de URL

Una URL bien estructurada no solo es amigable para los usuarios, sino que también ayuda a los motores de búsqueda a indexar la página. Se recomienda:

- Utilizar palabras clave en la URL.

- Mantener las URLs cortas y descriptivas.

- Evitar el uso de caracteres especiales o números innecesarios.

4. Optimización de Imágenes

Las imágenes pueden mejorar la experiencia del usuario, pero también deben ser optimizadas para el SEO:

- **Atributo Alt:** Proporcionar una descripción de la imagen utilizando palabras clave relevantes ayuda a los motores de búsqueda a indexar correctamente las imágenes.

- **Tamaño de Imagen:** Reducir el tamaño de las imágenes para mejorar la velocidad de carga del sitio es crucial, ya que una carga lenta puede afectar negativamente el posicionamiento.

5. Experiencia del Usuario (UX)

La experiencia del usuario es un factor cada vez más importante en el SEO on-page. Algunos aspectos a considerar son:

- **Velocidad de Carga:** Un sitio que se carga rápidamente mejora la experiencia del usuario y es favorecido por los motores de búsqueda.

- **Diseño Responsivo:** El sitio debe ser accesible y funcional en dispositivos móviles, ya que Google prioriza la indexación móvil.

- **Navegación Intuitiva:** Facilitar que los usuarios encuentren lo que buscan a través de una navegación clara y lógica reduce la tasa de rebote.

SEO Off-Page

El SEO off-page se refiere a todas las acciones realizadas fuera del sitio web que afectan su posicionamiento en los motores de búsqueda. A diferencia del SEO on-page, que se centra en la optimización interna, el SEO off-page se enfoca en construir la autoridad y la relevancia del sitio a través de actividades externas.

1. Backlinks

Los backlinks, o enlaces entrantes desde otros sitios web hacia el tuyo, son uno de los principales factores de SEO off-page. Algunos aspectos importantes son:

- **Calidad de los Backlinks:** Es más valioso tener unos pocos enlaces de sitios relevantes y confiables que muchos enlaces de baja calidad. Google considera los backlinks como un voto de confianza, por lo que los enlaces de sitios de alta autoridad son muy beneficiosos.

- **Diversidad de Enlaces:** Obtener enlaces de diferentes dominios y tipos de sitios (blogs, redes sociales, foros, etc.) crea una perfil de enlaces más natural y efectivo.

2. Menciones de Marca

Las menciones de marca se refieren a la aparición de la marca en línea, ya sea a través de enlaces o sin enlaces. Estas menciones pueden influir en la percepción de la autoridad de la marca y, a su vez, en su posicionamiento. Las estrategias para aumentar las menciones incluyen:

- **Participación en Redes Sociales:** Ser activo en plataformas sociales ayuda a aumentar la visibilidad de la marca y puede generar menciones y enlaces naturales.

- **Colaboraciones y Relaciones Públicas:** Trabajar con influencers o realizar campañas de relaciones públicas puede aumentar la exposición de la marca y generar enlaces.

3. SEO Local

El SEO local es crucial para negocios que tienen una ubicación física o que sirven a una comunidad específica. Algunas estrategias incluyen:

- **Google My Business:** Crear y optimizar una ficha de Google My Business mejora la visibilidad en búsquedas locales.

- **Citas Locales:** Asegurarse de que la información de la empresa esté consistente en directorios locales y plataformas relevantes ayuda a fortalecer la autoridad local.

4. Contenido Compartible

Crear contenido que sea digno de ser compartido, como infografías, estudios de caso o investigaciones, puede generar enlaces y menciones de manera orgánica. Al fomentar que otros compartan tu contenido, aumentas su alcance y la posibilidad de atraer backlinks.

5. Redes Sociales

Aunque los enlaces de redes sociales no transmiten autoridad de la misma manera que los backlinks, una presencia activa en redes sociales puede aumentar la visibilidad de la marca, atraer tráfico al sitio web y generar interacciones que potencialmente resulten en enlaces.

Tanto el SEO on-page como el off-page son componentes esenciales de una estrategia integral de SEO. Mientras que el SEO on-page se centra en optimizar el contenido y la estructura del sitio web para satisfacer las expectativas de los usuarios y los motores de búsqueda, el SEO off-page se enfoca en construir la autoridad y la reputación de la marca a través de enlaces externos y menciones. Para lograr un posicionamiento eficaz en los motores de búsqueda, es vital abordar ambos aspectos de manera equilibrada, implementando estrategias que complementen y fortalezcan la presencia en línea de la marca.

Marketing de Contenidos

- ## Creación de contenido de valor

La creación de contenido de valor es un componente esencial de cualquier estrategia de marketing digital. Se refiere al proceso de generar contenido que no solo atrae a la audiencia, sino que también ofrece información útil, relevante y significativa que satisface las necesidades y expectativas de los usuarios. Este tipo de contenido no solo ayuda a atraer tráfico a un sitio web, sino que también establece la autoridad de la marca, fomenta la lealtad del cliente y mejora las tasas de conversión. A continuación, se detalla cómo crear contenido de valor efectivo, su importancia y las estrategias que pueden aplicarse para maximizar su impacto.

Importancia del Contenido de Valor

El contenido de valor es crucial en el marketing digital por varias razones:

- **Atrae a la Audiencia:** Un contenido bien elaborado capta la atención de los usuarios y les anima a interactuar con la marca. Esto es especialmente importante en un entorno digital saturado donde la competencia por la atención del consumidor es feroz.

- **Establece Autoridad y Confianza:** Ofrecer información valiosa y precisa posiciona a la marca como un referente en su industria. Esto genera confianza entre los consumidores, que son más propensos a considerar a la marca como una fuente confiable para resolver sus problemas.

- **Mejora el SEO:** Los motores de búsqueda favorecen el contenido de calidad que es relevante y útil para los usuarios. Esto significa que el contenido valioso tiene más posibilidades de clasificar bien en los resultados de búsqueda, aumentando así la visibilidad de la marca.

- **Fomenta la Interacción y el Compartir:** El contenido que proporciona valor a los usuarios es más probable que sea compartido en redes sociales y otros canales, lo que amplifica su alcance y puede atraer tráfico adicional al sitio web.

- **Genera Leads y Conversión:** Un contenido de valor bien dirigido no solo atrae visitantes, sino que también puede convertir a esos visitantes en clientes potenciales, al guiarles a través del embudo de ventas con información relevante y persuasiva.

Estrategias para Crear Contenido de Valor

1. Conocer a la Audiencia

El primer paso para crear contenido de valor es conocer a fondo a tu audiencia. Esto incluye entender sus intereses, necesidades, preguntas y problemas. Realiza investigaciones de mercado, encuestas, o entrevistas para obtener información valiosa. También es útil crear perfiles de buyer persona, que son representaciones semificticias de tus clientes ideales. Al conocer a tu audiencia, puedes adaptar tu contenido para satisfacer sus expectativas y resolver sus problemas.

2. Definir Objetivos Claros

Antes de comenzar a crear contenido, es crucial definir qué objetivos deseas alcanzar. Estos objetivos pueden incluir aumentar la conciencia de la marca, generar leads, educar a la audiencia, mejorar la retención de clientes o impulsar las ventas. Establecer metas claras te permitirá crear contenido alineado con tus objetivos de negocio y medir su efectividad posteriormente.

3. Seleccionar Formatos Diversos

El contenido de valor puede presentarse en una variedad de formatos, y la elección del formato adecuado depende de tu audiencia y los objetivos definidos. Algunos formatos populares incluyen:

- **Blogs y Artículos:** Ideales para ofrecer información detallada, análisis y guías.

- **Infografías:** Un excelente medio para presentar datos y estadísticas de forma visual y atractiva.

- **Videos:** Cada vez más populares, los videos permiten presentar información de manera dinámica y entretenida.

- **Podcasts:** Ofrecen una plataforma para discusiones en profundidad y entrevistas, lo que permite llegar a la audiencia en diferentes momentos y contextos.

- **Ebooks y Guías:** Son ideales para contenido más extenso y detallado que puede ser utilizado como herramienta de lead generation.

4. Proporcionar Información Útil y Práctica

El contenido de valor debe ofrecer información que los usuarios puedan aplicar en su vida diaria o en sus negocios. Esto puede incluir consejos, tutoriales, listas de verificación y estudios de caso. Asegúrate de que la información sea clara, concisa y fácilmente comprensible.

5. Contar Historias

El storytelling es una herramienta poderosa en la creación de contenido de valor. Las historias pueden humanizar la marca, hacer que el contenido sea más atractivo y ayudar a los usuarios a conectar emocionalmente con la información. Utiliza ejemplos de la vida real, anécdotas y testimonios para ilustrar tus puntos y hacer que el contenido sea más memorable.

6. Optimizar para SEO

Para que el contenido de valor sea efectivo, también debe ser visible en los motores de búsqueda. Asegúrate de que el contenido esté optimizado para SEO utilizando palabras clave relevantes, meta descripciones adecuadas, encabezados bien estructurados y enlaces internos y externos. Esto ayudará a aumentar su visibilidad y atraer tráfico orgánico.

7. Fomentar la Interacción

Invitar a la audiencia a interactuar con el contenido puede aumentar su valor. Esto puede lograrse a través de preguntas abiertas, encuestas, o invitaciones para dejar comentarios y compartir experiencias. Cuanto más interactúe la audiencia, más conectado se sentirá con el contenido y la marca.

8. Medir y Ajustar

Después de publicar el contenido, es fundamental medir su rendimiento mediante herramientas analíticas. Observa métricas como el tráfico, la tasa de rebote, el tiempo en la página y las conversiones. Analizar estos datos te permitirá identificar qué tipo de contenido resuena mejor con tu audiencia y hacer ajustes en futuras estrategias de contenido.

La creación de contenido de valor es una estrategia esencial en el marketing digital que no solo atrae y retiene a la audiencia, sino que también establece la autoridad de la marca y fomenta la lealtad del cliente. Al conocer a tu audiencia, definir objetivos claros, elegir los formatos adecuados, proporcionar información útil, contar historias, optimizar para SEO y fomentar la interacción, puedes crear contenido que realmente resuene con los usuarios y cumpla con tus objetivos comerciales. Este enfoque no solo aumentará la visibilidad y el tráfico, sino que también fortalecerá la relación entre la marca y sus clientes, impulsando así el éxito a largo plazo.

• Blogging, videos, podcasts

El contenido digital se ha diversificado en múltiples formatos que atraen a diferentes segmentos de la audiencia. Entre estos formatos, los blogs, videos y podcasts se destacan como tres de las herramientas más efectivas en el marketing digital. Cada uno ofrece ventajas únicas y se adapta a diversas preferencias de consumo de información. A continuación, exploraremos en profundidad cada uno de estos formatos, su importancia, y cómo pueden ser utilizados estratégicamente para maximizar el impacto en la audiencia.

Blogging

El blogging ha sido uno de los pilares del marketing de contenido desde sus inicios. Publicar artículos en un blog permite a las marcas compartir información valiosa, establecer su autoridad en un nicho específico y mejorar su SEO.

La importancia de los blogs radica en su capacidad para generar tráfico orgánico a través de la optimización para motores de búsqueda. Al crear contenido relevante y bien investigado, las marcas pueden posicionarse en los primeros resultados de búsqueda, lo que aumenta su visibilidad y atrae a nuevos visitantes.

Los blogs también fomentan la conexión con la audiencia. Al proporcionar contenido que responde a preguntas comunes o aborda problemas específicos, las marcas pueden construir una relación de confianza con sus lectores. Los comentarios en los blogs ofrecen una plataforma para la interacción, donde los usuarios pueden compartir sus pensamientos y experiencias, lo que también puede proporcionar valiosa retroalimentación para la marca.

Un elemento clave en el blogging es la consistencia. Publicar de manera regular ayuda a mantener a la audiencia comprometida y a mejorar el posicionamiento en buscadores. Las marcas pueden explorar diferentes temas relacionados con su industria, utilizar listas, guías, tutoriales y estudios de caso para atraer y educar a su público.

Videos

El formato de video ha ganado popularidad en los últimos años, impulsado por la capacidad de las plataformas sociales y de contenido para albergar y distribuir este tipo de material de manera efectiva. Los videos son especialmente atractivos porque permiten comunicar información de manera visual y auditiva, capturando la atención de la audiencia de forma más efectiva que otros formatos.

La importancia de los videos en el marketing digital radica en su capacidad para aumentar la retención de la audiencia y mejorar la tasa de conversión. Los usuarios son más propensos a recordar el contenido visual y, a menudo, prefieren ver un video en lugar de leer un texto largo. Esto los convierte en una herramienta poderosa para presentar productos, realizar demostraciones, compartir testimonios de clientes y contar historias de la marca.

Además, los videos son altamente compartibles en redes sociales, lo que puede amplificar su alcance. Crear contenido que incite a la acción, como tutoriales, reseñas, o contenido emocionalmente resonante, puede generar interacciones significativas y aumentar la visibilidad de la marca.

Para optimizar el uso de videos, es esencial considerar el SEO. Incluir palabras clave en los títulos y descripciones, así como usar etiquetas adecuadas, puede mejorar la capacidad de descubrimiento del contenido en plataformas como YouTube. La calidad de producción también juega un papel importante; aunque no es necesario un equipo profesional, el contenido debe ser claro, bien editado y atractivo para captar la atención de la audiencia.

Podcasts

Los podcasts han emergido como un formato de contenido altamente accesible y popular, especialmente entre los oyentes que buscan consumir información mientras realizan otras actividades, como conducir, hacer ejercicio o trabajar. Este formato permite a las marcas profundizar en temas específicos y ofrecer discusiones más ricas y matizadas que pueden no ser posibles en otros formatos.

La importancia de los podcasts en el marketing digital radica en su capacidad para construir relaciones más profundas con la audiencia. A través de conversaciones auténticas, entrevistas con expertos y narrativas cautivadoras, los podcasts pueden humanizar la marca y establecer un vínculo emocional con los oyentes. Esta conexión puede traducirse en lealtad a la marca y en un mayor compromiso por parte de los oyentes.

Además, los podcasts son altamente accesibles y pueden llegar a audiencias globales. Con una buena estrategia de distribución, que incluya plataformas como Spotify, Apple Podcasts y Google Podcasts, las marcas pueden alcanzar a oyentes en diferentes regiones y contextos. Este formato también permite a las marcas diversificar su contenido y explorar temas que pueden no ser adecuados para un blog o video.

Para maximizar el impacto de un podcast, es importante mantener un enfoque en la calidad del contenido, la producción y la consistencia. Tener un guion claro y definido puede ayudar a mantener el flujo de la conversación y garantizar que se aborden los puntos clave. Promover los episodios a través de las redes sociales, el sitio web de la marca y otros canales también es esencial para atraer nuevos oyentes.

El blogging, los videos y los podcasts son formatos fundamentales en la estrategia de marketing digital, cada uno con sus características y beneficios únicos. Los blogs son ideales para generar tráfico orgánico y establecer autoridad, los videos son efectivos para captar la atención y mejorar la retención, y los podcasts permiten construir conexiones profundas y significativas con la audiencia. Al integrar estos formatos en una estrategia de contenido coherente y bien planificada, las marcas pueden no solo aumentar su visibilidad, sino también fomentar relaciones más sólidas con sus clientes, lo que resulta en un mayor éxito en sus objetivos de marketing.

• Estrategia de distribución de contenido

La estrategia de distribución de contenido es una parte crucial del marketing digital, ya que no se trata solo de crear contenido valioso, sino también de asegurarse de que llegue a la audiencia adecuada en el momento adecuado. Una buena estrategia de distribución maximiza el alcance, la visibilidad y el impacto del contenido, convirtiéndolo en un recurso efectivo para cumplir con los objetivos de marketing. A continuación, se exploran los componentes esenciales de una estrategia de distribución de contenido, las plataformas adecuadas y las mejores prácticas para garantizar su éxito.

Componentes de una Estrategia de Distribución de Contenido

1. Definición de la Audiencia Objetivo
El primer paso en la distribución de contenido es conocer a fondo a la audiencia a la que se desea llegar. Esto implica crear perfiles detallados del buyer persona, que incluyen información demográfica, intereses, comportamientos y preferencias de consumo de contenido. Cuanto más específica sea la comprensión de la audiencia, más efectiva será la distribución, ya que se podrán seleccionar los canales y formatos que resuenen mejor con ellos.

2. Selección de Canales de Distribución
Los canales de distribución son los medios a través de los cuales se compartirá el contenido. Existen múltiples opciones, y la elección correcta dependerá de la audiencia y el tipo de contenido. Algunos de los canales más efectivos incluyen:

- **Redes Sociales:** Plataformas como Facebook, Instagram, Twitter y LinkedIn permiten compartir contenido de manera efectiva y llegar a diferentes segmentos de audiencia. Cada red social tiene su propio estilo y formato, por lo que es importante adaptar el contenido según el canal.

- **Email Marketing:** Los boletines informativos y las campañas de correo electrónico son excelentes para distribuir contenido a una audiencia que ya ha mostrado interés en la marca. El email permite una comunicación más directa y personalizada, lo que puede resultar en tasas de conversión más altas.

- **Blogs y Sitios Web:** Publicar contenido en el propio sitio web de la marca no solo ayuda a mejorar el SEO, sino que también establece un centro de conocimiento donde los usuarios pueden acceder a información relevante. Además, puede utilizarse para generar tráfico orgánico.

- **Plataformas de Video y Podcasts:** Para contenido visual o auditivo, plataformas como YouTube, Vimeo, Spotify y Apple Podcasts son esenciales. Estas plataformas permiten llegar a una audiencia más amplia y aprovechar el crecimiento de los formatos de video y audio.

- **Foros y Comunidades en Línea:** Participar en foros y comunidades relevantes puede ayudar a promover el contenido de manera orgánica. Al compartir contenido en plataformas como Reddit, Quora o grupos de Facebook, se puede alcanzar a una audiencia interesada que busca respuestas o recomendaciones.

3.   Optimización para Cada Canal

Cada canal de distribución tiene sus propias características y mejores prácticas. La optimización del contenido para cada plataforma es esencial para maximizar su efectividad. Esto incluye adaptar el tono, el formato y el tipo de contenido a las expectativas de los usuarios en cada canal. Por ejemplo, el contenido visual puede ser más efectivo en Instagram, mientras que los artículos más detallados pueden ser más apropiados para LinkedIn o un blog.

4. Uso de Herramientas de Programación y Automatización

Utilizar herramientas de programación y automatización puede ayudar a gestionar la distribución de contenido de manera más eficiente. Plataformas como Hootsuite, Buffer y Mailchimp permiten programar publicaciones en redes sociales y enviar correos electrónicos en momentos óptimos, asegurando que el contenido llegue a la audiencia cuando es más probable que esté activo.

5. Análisis y Ajuste Continuo

La medición del rendimiento del contenido es fundamental para entender qué estrategias funcionan y cuáles no. Herramientas analíticas como Google Analytics, insights de redes sociales y métricas de email marketing permiten evaluar el impacto del contenido y la efectividad de su distribución. Al analizar estas métricas, se pueden hacer ajustes a la estrategia de distribución para optimizar los resultados.

Mejores Prácticas para la Distribución de Contenido

- **Crear un Calendario de Contenido:** Un calendario de contenido ayuda a planificar y organizar la distribución a lo largo del tiempo. Esto garantiza que el contenido se comparta de manera regular y coherente, manteniendo a la audiencia comprometida.

- **Promocionar Contenido en Diferentes Momentos:** No te limites a compartir el contenido solo una vez. Promocionarlo en diferentes momentos y formatos puede llegar a diferentes segmentos de la audiencia. Por ejemplo, un artículo de blog puede ser compartido varias veces en redes sociales a lo largo de semanas o meses.

- **Incluir Llamadas a la Acción (CTAs):** Las llamadas a la acción son esenciales para guiar a la audiencia hacia los próximos pasos. Ya sea para suscribirse a un boletín, descargar un recurso, o realizar una compra, las CTAs deben ser claras y persuasivas.

- **Colaborar con Influencers y Socios:** Colaborar con influencers o socios de la industria puede amplificar el alcance del contenido. Al asociarse con personas o marcas que ya tienen la atención de la audiencia objetivo, se puede llegar a un público más amplio y mejorar la credibilidad.

- **Estar Abierto a Feedback:** Escuchar a la audiencia y estar dispuesto a adaptar la estrategia según sus preferencias puede mejorar significativamente la efectividad de la distribución de contenido. Realiza encuestas o pide retroalimentación a través de comentarios para entender mejor lo que desean.

La estrategia de distribución de contenido es fundamental para garantizar que el contenido creado llegue a la audiencia adecuada y tenga el impacto deseado. Al definir claramente a la audiencia objetivo, seleccionar los canales adecuados, optimizar el contenido para cada plataforma y medir el rendimiento, las marcas pueden maximizar el alcance y la efectividad de su contenido. Implementar estas mejores prácticas no solo mejora la visibilidad de la marca, sino que también fomenta una conexión más sólida con los consumidores, lo que a su vez puede traducirse en un mayor éxito en los objetivos de marketing digital.

Redes Sociales

- ## Estrategias de marketing en redes sociales (Facebook, Instagram, LinkedIn, etc.)

marketing digital, ofreciendo a las marcas una plataforma poderosa para conectar con su audiencia, construir relaciones, y promover productos o servicios. Cada red social tiene sus propias características y dinámicas, lo que requiere estrategias específicas para aprovechar al máximo su potencial. A continuación, se presentan diversas estrategias de marketing para plataformas como Facebook, Instagram y LinkedIn, destacando las mejores prácticas y tácticas efectivas en cada una.

Facebook

1. Creación de una Página de Negocios Atractiva: La primera impresión es crucial en Facebook. Una página de negocios bien diseñada, con una imagen de perfil y portada que reflejen la identidad de la marca, es esencial. Incluir información clara sobre la empresa, horarios de atención, ubicación y datos de contacto ayuda a los visitantes a conocer mejor la marca.

2. Contenido Visual y Atractivo: Facebook es una plataforma visual, por lo que compartir imágenes y videos de alta calidad es fundamental. Publicaciones que incluyan contenido visual tienden a recibir más interacciones. Videos en vivo, actualizaciones detrás de escena y historias pueden aumentar el engagement y conectar emocionalmente con la audiencia.

3. Publicaciones Interactivas: Incorporar encuestas, preguntas y concursos en las publicaciones puede fomentar la participación de la audiencia. Este tipo de contenido no solo aumenta la visibilidad, sino que también permite conocer mejor las preferencias de los seguidores.

4. Segmentación de Audiencia: Utilizar las herramientas de segmentación de Facebook para dirigir anuncios a grupos específicos de usuarios según intereses, demografía y comportamiento ayuda a optimizar la inversión publicitaria. Esto asegura que el contenido llegue a las personas que más probablemente se interesarán en él.

5. Anuncios Pagados: Los anuncios en Facebook son una herramienta poderosa para aumentar el alcance y la visibilidad. Aprovechar formatos como anuncios de video, carruseles y colecciones permite presentar productos o servicios de manera atractiva y dinámica.

6. Respuesta Rápida a Comentarios y Mensajes: Interactuar con la audiencia en tiempo real es vital. Responder a comentarios y mensajes de manera oportuna no solo mejora la relación con los clientes, sino que también refuerza la reputación de la marca.

Instagram

1. Estética Visual y Cohesión: Instagram es una plataforma centrada en la imagen, por lo que la estética de las publicaciones es clave. Mantener una paleta de colores y un estilo visual coherentes ayuda a que el perfil se vea profesional y atractivo. Utilizar herramientas como Canva o Lightroom puede ayudar a mejorar la calidad visual.

2. Uso de Historias y Reels: Las historias de Instagram son perfectas para compartir contenido efímero y mantener a la audiencia actualizada sobre novedades, promociones y eventos. Los Reels, por su parte, permiten crear contenido de video corto y creativo que puede llegar a una audiencia más amplia, gracias a su promoción en la página de exploración.

3. Hashtags Estratégicos: El uso de hashtags relevantes y populares puede aumentar significativamente la visibilidad de las publicaciones. Investigar y elegir entre 5 y 15 hashtags que sean específicos y de tendencia puede ayudar a llegar a una audiencia más amplia y atraer seguidores interesados en el contenido.

4. Colaboraciones con Influencers: Trabajar con influencers en Instagram puede proporcionar acceso a nuevas audiencias y aumentar la credibilidad de la marca. Elegir influencers cuyos valores y estilo se alineen con la marca es fundamental para asegurar una colaboración auténtica y efectiva.

5. Concursos y Sorteos: Organizar concursos y sorteos puede aumentar el engagement y atraer nuevos seguidores. Pedir a los participantes que sigan la cuenta, compartan la publicación y etiqueten a amigos en los comentarios puede multiplicar el alcance.

6. Contenido Generado por Usuarios (UGC): Fomentar que los seguidores compartan sus propias experiencias con la marca a través de imágenes o testimonios es una forma poderosa de construir comunidad y confianza. Repostear este contenido no solo muestra la satisfacción de los clientes, sino que también refuerza la autenticidad de la marca.

LinkedIn

1. Creación de un Perfil Profesional: LinkedIn es una plataforma orientada al networking y al desarrollo profesional. Asegurarse de que el perfil de la empresa esté completamente optimizado, con una descripción clara, logros y contenido relevante, es esencial para atraer a otros profesionales del sector.

2. Publicación de Contenido de Valor: En LinkedIn, el contenido debe ser informativo y relevante. Publicar artículos, estudios de caso, investigaciones del sector y consejos prácticos puede ayudar a establecer la autoridad de la marca y atraer a profesionales interesados en esos temas.

3. Participación en Grupos: Unirse y participar activamente en grupos de LinkedIn relacionados con la industria permite conectar con otros profesionales, compartir conocimientos y establecer relaciones valiosas. También es una buena oportunidad para promocionar el contenido de la marca de manera más orgánica.

4. Networking y Conexiones: LinkedIn se basa en las conexiones. Es fundamental cultivar relaciones con otros profesionales, interactuar con su contenido y participar en conversaciones. Al fortalecer estas relaciones, se puede aumentar la visibilidad y el reconocimiento de la marca.

5. Publicidad en LinkedIn: Los anuncios de LinkedIn son especialmente efectivos para empresas B2B, ya que permiten segmentar a la audiencia por industria, cargo y habilidades. Utilizar anuncios patrocinados y contenido patrocinado puede ayudar a llegar a tomadores de decisiones clave en el sector.

6. Compartir Testimonios y Éxitos: Publicar testimonios de clientes y casos de éxito en LinkedIn puede ayudar a construir la reputación de la marca y demostrar su eficacia. Los testimonios de clientes satisfechos son una poderosa herramienta de persuasión en un entorno profesional.

Las estrategias de marketing en redes sociales son fundamentales para construir una presencia de marca sólida, interactuar con la audiencia y promover productos o servicios. Facebook, Instagram y LinkedIn ofrecen oportunidades únicas y requieren enfoques personalizados para maximizar el impacto. Al implementar tácticas efectivas, como la creación de contenido visual atractivo, la segmentación de audiencia y la colaboración con influencers, las marcas pueden mejorar su visibilidad y generar relaciones más profundas con sus clientes. Con una estrategia bien planificada y adaptada a cada plataforma, el marketing en redes sociales puede ser un motor poderoso para el crecimiento y el éxito en el mundo digital actual.

Cómo crear una comunidad en línea

Crear una comunidad en línea es un proceso que requiere estrategia, autenticidad y dedicación. A medida que las empresas y marcas se enfocan en construir relaciones más profundas con sus clientes, las comunidades en línea se han convertido en un recurso invaluable para fomentar la lealtad, generar confianza y facilitar la interacción. A continuación, se presentan las etapas y consideraciones clave para construir una comunidad en línea exitosa.

Definición de Propósito y Valor

El primer paso para crear una comunidad en línea es definir su propósito. ¿Cuál es la misión de la comunidad? ¿Qué valor proporcionará a sus miembros? El propósito debe ser claro y relevante, ya que servirá como el hilo conductor que unirá a los miembros. Una comunidad centrada en un interés específico, un valor compartido o un objetivo común será más atractiva y tendrá más probabilidades de prosperar. Por ejemplo, si el propósito es educar a los usuarios sobre sostenibilidad, se pueden crear contenidos y discusiones en torno a prácticas sostenibles, productos ecológicos y estilos de vida responsables.

Elección de la Plataforma Adecuada

Elegir la plataforma adecuada es crucial para facilitar la interacción y el compromiso. Las opciones pueden incluir redes sociales, foros, grupos de discusión, aplicaciones de mensajería o plataformas dedicadas a comunidades como Discord o Slack. La elección dependerá de las preferencias del público objetivo y del tipo de interacciones que se deseen fomentar. Por ejemplo, si el objetivo es facilitar discusiones profundas y contenido compartido, un foro o grupo de Facebook puede ser adecuado, mientras que para comunicación más rápida y directa, una plataforma de mensajería podría ser la mejor opción.

Creación de Contenido Atractivo y Relevante

El contenido es el corazón de cualquier comunidad en línea. Crear y compartir contenido de valor que resuene con los intereses y necesidades de los miembros es fundamental. Esto puede incluir artículos, videos, infografías, webinars y publicaciones en redes sociales que generen discusión. Además, fomentar que los miembros compartan sus propias experiencias y conocimientos no solo enriquecerá el contenido, sino que también promoverá la participación activa. La variedad de formatos y la regularidad en la publicación son claves para mantener el interés de la comunidad.

Establecimiento de Normas y Directrices

Para fomentar un ambiente positivo y respetuoso, es importante establecer normas y directrices claras para la comunidad. Estas reglas deben definir el comportamiento esperado, las normas de interacción y las consecuencias por no cumplirlas. Esto ayudará a prevenir conflictos y a mantener un ambiente saludable donde todos los miembros se sientan cómodos para participar y expresar sus opiniones. Las normas deben ser comunicadas desde el inicio y reforzadas de manera regular.

Fomento de la Interacción y el Compromiso

El compromiso es fundamental para el éxito de una comunidad en línea. Para fomentar la participación activa, se pueden implementar diversas tácticas, como la creación de encuestas, preguntas abiertas, debates y desafíos. Celebrar hitos, reconocer a los miembros activos y ofrecer incentivos (como sorteos o recompensas) también puede aumentar el compromiso. Además, es vital que los líderes de la comunidad sean accesibles y participen regularmente en las discusiones, respondiendo preguntas y comentarios para demostrar que valoran la contribución de cada miembro.

Promoción y Crecimiento de la Comunidad

Para que una comunidad crezca, es esencial promocionarla adecuadamente. Esto puede incluir estrategias de marketing digital, como anuncios en redes sociales, colaboraciones con influencers, y publicaciones en blogs o podcasts relevantes. Utilizar testimonios y casos de éxito de miembros actuales puede atraer a nuevos participantes, mostrando el valor que se puede obtener al unirse. Las redes sociales también son una herramienta poderosa para amplificar el alcance y atraer a nuevos miembros.

Monitoreo y Adaptación

Finalmente, es crucial monitorear la dinámica de la comunidad y hacer ajustes según sea necesario. Esto incluye analizar métricas de participación, recibir feedback de los miembros y estar atento a posibles problemas o conflictos. Estar dispuesto a adaptarse a las necesidades y deseos de la comunidad garantizará que esta se mantenga relevante y valiosa. Realizar encuestas periódicas para obtener opiniones sobre el contenido, las actividades y las direcciones futuras de la comunidad también puede ayudar a mejorar la experiencia de los miembros.

Crear una comunidad en línea es un viaje que requiere tiempo, esfuerzo y compromiso. Al establecer un propósito claro, elegir la plataforma adecuada, generar contenido relevante, fomentar la interacción y monitorear la salud de la comunidad, se pueden construir conexiones significativas y duraderas. Una comunidad bien gestionada no solo beneficia a sus miembros, sino que también puede convertirse en un activo valioso para la marca o empresa, fomentando la lealtad y el apoyo a largo plazo.

• Publicidad pagada en redes sociales

La publicidad pagada en redes sociales se ha convertido en una de las herramientas más efectivas y accesibles para las marcas que buscan aumentar su visibilidad, atraer nuevos clientes y fomentar la lealtad de los existentes. Con la capacidad de segmentar audiencias específicas y el potencial de un retorno de inversión significativo, las plataformas sociales ofrecen diversas opciones publicitarias que permiten a las empresas alcanzar sus objetivos de marketing. A continuación, se exploran los aspectos clave de la publicidad pagada en redes sociales, así como las mejores prácticas para maximizar su efectividad.

Importancia de la Publicidad Pagada

La publicidad pagada en redes sociales permite a las marcas alcanzar a audiencias que de otro modo podrían no conocer sus productos o servicios. A diferencia del marketing orgánico, que depende de la interacción natural y el contenido compartido, la publicidad pagada garantiza una visibilidad inmediata. Las empresas pueden promocionar sus publicaciones, crear anuncios y utilizar formatos específicos para captar la atención de su público objetivo. Esta visibilidad es especialmente relevante en un entorno donde el contenido compite por la atención del usuario en un mar de información.

Tipos de Anuncios en Redes Sociales

Las plataformas de redes sociales ofrecen una variedad de formatos publicitarios, cada uno diseñado para cumplir con objetivos específicos. Algunos de los formatos más populares incluyen:

- **Anuncios de Imágenes:** Consisten en imágenes estáticas que pueden incluir texto y un llamado a la acción. Son efectivos para generar reconocimiento de marca y promover productos.

- **Anuncios de Video:** Los anuncios de video pueden ser cortos o largos, y son ideales para contar historias, mostrar productos en acción o compartir testimonios. El contenido en video suele generar un alto nivel de engagement.

- **Anuncios en Carrusel:** Permiten mostrar varias imágenes o videos en un solo anuncio, lo que ofrece a los usuarios la oportunidad de desplazarse por diferentes productos o características.

- **Anuncios de Historias:** Utilizados en plataformas como Instagram y Facebook, estos anuncios aparecen entre las historias de los usuarios y suelen ser visualmente atractivos y efímeros.

- **Anuncios de Lead Generation:** Diseñados para captar información de contacto de los usuarios, como correos electrónicos, a cambio de ofertas, descuentos o contenido exclusivo.

Segmentación de Audiencia

Uno de los mayores beneficios de la publicidad pagada en redes sociales es la capacidad de segmentar audiencias específicas. Las plataformas ofrecen herramientas robustas que permiten a las marcas definir sus públicos objetivo en función de diversos criterios, incluyendo:

- **Demografía:** Edad, género, ubicación geográfica y nivel educativo.

- **Intereses y Comportamientos:** Actividades, pasatiempos y comportamientos en línea que pueden indicar preferencias de compra.

- **Datos de Clientes:** Importar listas de correos electrónicos o información de clientes actuales para dirigirse a audiencias similares.

La segmentación precisa no solo aumenta la relevancia de los anuncios, sino que también optimiza el gasto publicitario al asegurar que los anuncios lleguen a las personas más propensas a interactuar con la marca.

Medición y Optimización

La efectividad de la publicidad pagada en redes sociales se mide a través de diversas métricas y KPIs (Indicadores Clave de Desempeño), que pueden incluir:

- **Impresiones:** La cantidad de veces que un anuncio se muestra a los usuarios.

- **Clics:** El número de veces que los usuarios hacen clic en el anuncio para obtener más información.

- **Tasa de Conversión:** El porcentaje de usuarios que completan la acción deseada, como realizar una compra o registrarse.

- **Retorno de la Inversión (ROI):** Medir el retorno económico en comparación con el costo de la campaña publicitaria.

Realizar un seguimiento constante de estas métricas permite a las marcas ajustar sus campañas en tiempo real, optimizando elementos como el contenido, la segmentación y el presupuesto para maximizar los resultados.

Mejores Prácticas para la Publicidad Pagada

Para aprovechar al máximo la publicidad pagada en redes sociales, las marcas deben considerar las siguientes mejores prácticas:

- **Definir Objetivos Claros:** Establecer metas específicas y medibles, ya sea aumentar la notoriedad de la marca, generar leads o impulsar ventas.

- **Conocer a la Audiencia:** Investigar y entender quiénes son los clientes ideales, sus intereses y comportamientos en línea.

- **Crear Contenido Atractivo:** Utilizar imágenes y videos de alta calidad, así como mensajes claros y convincentes que incluyan un llamado a la acción.

- **Probar y Experimentar:** Realizar pruebas A/B para evaluar diferentes creatividades, textos y segmentos de audiencia, permitiendo identificar qué funciona mejor.

- **Monitorear y Ajustar:** Estar atento a los resultados y hacer ajustes en las campañas basándose en el rendimiento, las métricas y los comentarios de los usuarios.

La publicidad pagada en redes sociales es una herramienta poderosa que permite a las marcas alcanzar una amplia audiencia, promover productos y construir relaciones con los clientes. Con una segmentación efectiva, contenido atractivo y un monitoreo constante de las métricas, las empresas pueden maximizar el impacto de sus campañas y lograr un retorno significativo de su inversión. En un entorno digital en constante evolución, las estrategias de publicidad en redes sociales deben adaptarse y evolucionar para mantenerse relevantes y efectivas, lo que permitirá a las marcas prosperar en el competitivo panorama del marketing digital.

Publicidad Digital

- ## Google Ads y plataformas similares

Google Ads y plataformas similares han transformado la manera en que las empresas realizan marketing digital, ofreciendo oportunidades para llegar a audiencias específicas y potencialmente aumentar las conversiones a través de publicidad en línea. A medida que el comercio digital continúa creciendo, comprender cómo funcionan estas plataformas y cómo utilizarlas de manera efectiva es crucial para cualquier estrategia de marketing. A continuación, se exploran los fundamentos de Google Ads y otras plataformas publicitarias similares, así como sus características y mejores prácticas.

Google Ads: Una Visión General

Google Ads es la plataforma de publicidad en línea de Google, que permite a las empresas crear anuncios que se muestran en los resultados de búsqueda de Google y en una variedad de sitios web asociados a la red de display de Google. Con su modelo de pago por clic (PPC), los anunciantes solo pagan cuando un usuario hace clic en su anuncio, lo que permite un control efectivo del presupuesto publicitario.

Los anuncios de Google pueden aparecer en diferentes formatos, incluidos anuncios de texto, anuncios gráficos, anuncios de video y anuncios de shopping. Esta variedad permite a las empresas elegir el formato que mejor se adapte a sus objetivos de marketing y al comportamiento de su audiencia.

Cómo Funciona Google Ads

El sistema de Google Ads opera a través de un mecanismo de subasta. Cuando un usuario realiza una búsqueda en Google, se lleva a cabo una subasta instantánea entre los anunciantes que han seleccionado palabras clave relevantes para esa búsqueda. El anuncio que se muestra no solo depende de la oferta económica del anunciante, sino también del **Quality Score** (Puntuación de Calidad), que es una evaluación de la relevancia y calidad del anuncio en relación con la búsqueda del usuario.

Los principales factores que influyen en el Quality Score incluyen:

- **Relevancia del Anuncio:** Cuán bien se relaciona el texto del anuncio con las palabras clave seleccionadas.

- **Experiencia en la Página de Destino:** La calidad y relevancia de la página de destino a la que se dirige el anuncio.

- **Tasa de Clics (CTR):** La proporción de clics que recibe el anuncio en comparación con la cantidad de veces que se muestra.

Otras Plataformas Publicitarias Similares

Además de Google Ads, existen varias plataformas similares que permiten a las marcas promocionarse en línea, cada una con características y enfoques distintos. Algunas de las más destacadas incluyen:

1. **Bing Ads (Microsoft Advertising):** Similar a Google Ads, Bing Ads permite a las empresas crear anuncios que aparecen en los resultados de búsqueda de Bing y Yahoo. Aunque tiene una cuota de mercado más pequeña que Google, puede ser más rentable debido a la menor competencia.

2. **Facebook Ads:** A través de Facebook Ads, las empresas pueden crear anuncios que aparecen en las noticias de Facebook, en Instagram y en la red de Audience Network. La segmentación es muy avanzada, permitiendo a los anunciantes dirigirse a usuarios basándose en datos demográficos, intereses, comportamientos y más.

3. **LinkedIn Ads:** Ideal para el marketing B2B, LinkedIn Ads permite a las empresas llegar a profesionales y tomadores de decisiones en el ámbito laboral. Ofrece formatos de anuncios como anuncios de texto, anuncios en video y contenido patrocinado.

4. **Twitter Ads:** Permite a las marcas promover tuits, cuentas o tendencias. La segmentación puede basarse en intereses, comportamientos y datos demográficos, lo que facilita llegar a audiencias específicas.

5. **Pinterest Ads:** Ofrece a los anunciantes la posibilidad de promocionar pins en la plataforma visual de Pinterest, ideal para marcas en los sectores de moda, decoración y cocina, donde la estética es clave.

Ventajas de Usar Google Ads y Plataformas Similares

La publicidad en plataformas como Google Ads y sus alternativas ofrece múltiples beneficios:

- **Segmentación Precisa:** La capacidad de dirigir anuncios a audiencias específicas permite maximizar la relevancia de las campañas y aumentar las tasas de conversión.

- **Medición y Análisis:** Estas plataformas proporcionan métricas detalladas que permiten a las empresas analizar el rendimiento de sus anuncios, optimizar las campañas y ajustar el presupuesto en tiempo real.

- **Escalabilidad:** Las empresas pueden comenzar con un presupuesto pequeño y escalar sus esfuerzos publicitarios a medida que obtienen resultados positivos.

- **Diversidad de Formatos:** La variedad de formatos publicitarios disponibles permite a las marcas experimentar y encontrar el contenido que mejor resuena con su audiencia.

Estrategias para Maximizar el Éxito

Para aprovechar al máximo Google Ads y plataformas similares, las empresas deben implementar diversas estrategias:

- **Investigación de Palabras Clave:** Identificar las palabras clave más relevantes para su negocio y su público objetivo es fundamental para crear anuncios efectivos.

- **Optimización de Anuncios:** A/B testing de diferentes versiones de anuncios puede ayudar a identificar qué mensajes y formatos generan mejores resultados.

- **Uso de Extensiones de Anuncio:** Google Ads permite agregar información adicional a los anuncios, como enlaces a secciones específicas del sitio web, lo que puede aumentar la tasa de clics.

- **Optimización de Páginas de Destino:** Asegurarse de que las páginas de destino sean relevantes y estén optimizadas para conversiones puede mejorar el rendimiento de las campañas.

- **Monitoreo Continuo:** Realizar un seguimiento constante del rendimiento de las campañas permite ajustar estrategias, optimizar el presupuesto y maximizar el retorno de inversión.

Google Ads y plataformas publicitarias similares ofrecen herramientas poderosas para que las empresas se conecten con sus audiencias de manera efectiva y medible. Al comprender cómo funcionan estas plataformas y aplicar estrategias adecuadas, las marcas pueden aumentar su visibilidad, atraer nuevos clientes y lograr sus objetivos comerciales en un entorno digital en constante evolución. Con una inversión adecuada de tiempo y recursos, la publicidad en línea puede ser un motor fundamental para el crecimiento y la sostenibilidad de cualquier negocio.

Retargeting y campañas personalizadas

El retargeting y las campañas personalizadas son estrategias de marketing digital altamente efectivas que permiten a las empresas conectar con su audiencia de una manera más directa y relevante. Estas tácticas no solo ayudan a mejorar el reconocimiento de marca, sino que también fomentan la conversión al dirigirse a usuarios que ya han mostrado interés en los productos o servicios de una empresa. A continuación, se explorará en profundidad qué son el retargeting y las campañas personalizadas, cómo funcionan y cómo implementarlas de manera efectiva.

Retargeting: Definición y Funcionamiento

El retargeting, también conocido como remarketing, es una técnica de publicidad digital que permite a las empresas volver a dirigirse a usuarios que han interactuado previamente con su sitio web o aplicación. A través de cookies, se puede rastrear a los visitantes de un sitio web y mostrarles anuncios específicos en otras plataformas en las que navegan, como redes sociales, sitios web de noticias y otros espacios de la web.

El funcionamiento del retargeting se basa en la premisa de que los usuarios que han visitado un sitio web pero no han realizado una conversión (como una compra o una suscripción) tienen un interés potencial en los productos o servicios ofrecidos. Al recordarles su interacción anterior, las marcas pueden aumentar las posibilidades de que estos usuarios regresen y completen la acción deseada.

Tipos de Retargeting

Existen diferentes tipos de retargeting que las marcas pueden utilizar, cada uno con su enfoque particular:

1. **Retargeting de Sitio Web:** Este es el más común, donde los anuncios se muestran a los visitantes que han estado en el sitio web, independientemente de las páginas específicas que hayan visitado.

2. **Retargeting de Productos:** Se centra en mostrar anuncios de productos específicos que un usuario ha visto pero no ha comprado. Esto es especialmente efectivo en el comercio electrónico, donde los usuarios pueden agregar artículos al carrito y abandonarlos.

3. **Retargeting en Redes Sociales:** Las plataformas como Facebook e Instagram permiten a las marcas mostrar anuncios a usuarios que han interactuado con su contenido o han visitado su sitio web.

4. **Retargeting por Correo Electrónico:** Se utiliza para volver a conectar con los usuarios que han abierto correos electrónicos pero no han realizado una acción deseada, como hacer clic en un enlace o realizar una compra.

Ventajas del Retargeting

El retargeting ofrece varias ventajas significativas para las marcas:

- **Aumento de la Tasa de Conversión:** Al dirigirse a usuarios que ya han mostrado interés, el retargeting puede aumentar las posibilidades de conversión.

- **Mejora del Reconocimiento de Marca:** La repetición de la exposición a la marca ayuda a mantenerla en la mente del consumidor, lo que puede influir en decisiones futuras.

- **Segmentación Avanzada:** Las campañas de retargeting pueden ser altamente personalizadas según el comportamiento del usuario, lo que aumenta su relevancia.

- **Costo-Efectividad:** Dado que los anuncios se dirigen a usuarios que ya están familiarizados con la marca, el retorno de la inversión tiende a ser más alto en comparación con las campañas de adquisición de clientes nuevos.

Campañas Personalizadas: Definición y Estrategia

Las campañas personalizadas se centran en crear experiencias publicitarias únicas y relevantes para el usuario individual. Al utilizar datos sobre las preferencias, comportamientos y características demográficas de los usuarios, las marcas pueden diseñar anuncios y mensajes que resuenen con cada individuo.

La personalización puede incluir:

- **Segmentación Demográfica:** Dirigir anuncios a grupos específicos basados en características como edad, género, ubicación y nivel de ingresos.

- **Comportamiento en Línea:** Utilizar datos de navegación para crear anuncios basados en las interacciones pasadas de un usuario, como artículos vistos o compras anteriores.

- **Personalización de Mensajes:** Adaptar el contenido del anuncio para que refleje los intereses y necesidades del usuario, aumentando así la relevancia.

Cómo Implementar Retargeting y Campañas Personalizadas

Para implementar efectivamente el retargeting y las campañas personalizadas, las empresas deben seguir varios pasos:

1. **Establecer Objetivos Claros:** Definir qué se espera lograr con las campañas, ya sea aumentar las conversiones, mejorar el reconocimiento de marca o fomentar la lealtad del cliente.

2. **Recopilar Datos:** Utilizar herramientas de análisis web y plataformas de marketing para recopilar datos sobre el comportamiento de los usuarios, sus interacciones y preferencias.

3. **Segmentar Audiencias:** Crear segmentos de audiencia basados en el comportamiento en el sitio web, la interacción con la marca y otros factores relevantes.

4. **Diseñar Anuncios Atractivos:** Desarrollar anuncios visuales y de contenido que sean atractivos y relevantes para cada segmento de audiencia.

5. **Configurar Campañas:** Utilizar plataformas publicitarias, como Google Ads y redes sociales, para configurar y lanzar campañas de retargeting y personalizadas.

6. **Monitorear y Optimizar:** Realizar un seguimiento del rendimiento de las campañas, ajustando estrategias y creatividades según sea necesario para maximizar los resultados.

El retargeting y las campañas personalizadas son componentes esenciales de una estrategia de marketing digital efectiva. Al centrarse en usuarios que ya han mostrado interés y al ofrecer experiencias personalizadas, las marcas pueden mejorar significativamente sus tasas de conversión y fomentar relaciones más profundas con sus clientes. En un entorno donde la atención del consumidor es cada vez más difícil de captar, estas tácticas proporcionan una forma efectiva de recordar a los usuarios el valor de una marca y guiarlos a través del embudo de ventas. Con una implementación cuidadosa y un enfoque basado en datos, las empresas pueden aprovechar al máximo estas estrategias para alcanzar sus objetivos comerciales y maximizar el retorno de su inversión.

• Optimización de campañas y análisis de resultados

La optimización de campañas y el análisis de resultados son dos componentes críticos en el marketing digital que permiten a las empresas maximizar el rendimiento de sus esfuerzos publicitarios y asegurarse de que están obteniendo el mejor retorno de inversión posible. En un entorno digital en constante cambio, donde las preferencias de los consumidores y las condiciones del mercado pueden variar rápidamente, la capacidad de adaptarse y mejorar las campañas es fundamental para el éxito a largo plazo.

Optimización de Campañas

La optimización de campañas implica el proceso continuo de mejorar las estrategias publicitarias en función de métricas de rendimiento y el análisis de datos. Este proceso no es un evento único, sino una serie de ajustes y pruebas que se realizan a lo largo de la vida de una campaña.

Elementos Clave de la Optimización

1. **Segmentación de Audiencia:** La segmentación adecuada de la audiencia es crucial. Esto implica identificar y definir diferentes grupos dentro del público objetivo que tienen comportamientos o intereses específicos. Al personalizar los anuncios para cada segmento, las marcas pueden aumentar la relevancia y la efectividad de sus campañas.

2. **Pruebas A/B:** Realizar pruebas A/B (o pruebas divididas) es una técnica fundamental para optimizar campañas. Consiste en crear dos versiones de un anuncio, cada una con una variable diferente (como el texto, la imagen o el llamado a la acción) y medir cuál versión obtiene un mejor

rendimiento. Este enfoque permite identificar qué elementos resuenan mejor con la audiencia.

3. **Ajustes de Ofertas:** Ajustar las ofertas en función del rendimiento es esencial para optimizar el gasto publicitario. Las plataformas de publicidad digital, como Google Ads, permiten establecer ofertas dinámicas que aumentan o disminuyen en función del rendimiento de las palabras clave y la competencia.

4. **Optimización de Páginas de Destino:** Asegurarse de que las páginas de destino estén alineadas con los anuncios y ofrezcan una experiencia de usuario fluida es fundamental. Esto puede incluir la mejora del diseño, la velocidad de carga y el contenido de la página para maximizar las tasas de conversión.

5. **Monitoreo Continuo:** La optimización es un proceso continuo que requiere monitoreo regular. Las empresas deben estar atentas a las métricas de rendimiento y a las tendencias del mercado para realizar ajustes en tiempo real.

Análisis de Resultados

El análisis de resultados implica la evaluación de los datos recopilados durante y después de una campaña para entender su efectividad y eficiencia. Este análisis proporciona información valiosa sobre el comportamiento del consumidor y la eficacia de las estrategias implementadas.

Métricas Clave para el Análisis

1. **Tasa de Clics (CTR):** La tasa de clics es un indicador clave del interés generado por un anuncio. Se calcula dividiendo el número de clics que recibe un anuncio entre el número de veces que se muestra. Un CTR alto indica que el anuncio es relevante y atractivo para la audiencia.

2. **Costo por Adquisición (CPA):** El costo por adquisición mide cuánto cuesta convertir a un usuario en cliente. Se calcula dividiendo el costo total de la campaña entre el número de conversiones. Este indicador es crucial para evaluar la rentabilidad de las campañas.

3. **Tasa de Conversión:** La tasa de conversión es el porcentaje de visitantes que completan una acción deseada, como una compra o una suscripción. Un aumento en esta tasa indica que las campañas están siendo efectivas en guiar a los usuarios hacia la conversión.

4. **Retorno de la Inversión Publicitaria (ROAS):** El ROAS mide el ingreso generado por cada dólar gastado en publicidad. Se calcula dividiendo los ingresos totales generados por la campaña entre el costo total de la campaña. Un ROAS alto sugiere que la campaña es rentable y efectiva.

5. **Análisis de Embudo:** Examinar el embudo de ventas permite a las empresas identificar en qué etapa del proceso de compra los usuarios abandonan. Esto ayuda a identificar áreas que necesitan optimización, ya sea en la atracción inicial, la consideración o la conversión.

Implementación de Cambios Basados en el Análisis

Una vez que se ha llevado a cabo el análisis de resultados, es vital implementar cambios basados en los hallazgos. Este proceso puede incluir:

- **Ajustar Estrategias de Contenido:** Modificar el enfoque del contenido en función de lo que resuena mejor con la audiencia y qué formatos generan más interacción.

- **Redefinir Objetivos de Campaña:** Con base en los resultados, las empresas pueden decidir si deben ajustar sus objetivos iniciales o incluso cambiar el enfoque de la campaña.

- **Optimización del Presupuesto:** Redistribuir el presupuesto hacia los anuncios y plataformas que están generando mejores resultados y alejándose de aquellos que no cumplen con las expectativas.

La optimización de campañas y el análisis de resultados son procesos interrelacionados que permiten a las empresas maximizar el impacto de sus esfuerzos de marketing digital. A medida que el entorno digital evoluciona, la capacidad de adaptarse y ajustar estrategias basadas en datos se convierte en un diferenciador clave para el éxito. Al centrarse en la segmentación adecuada, realizar pruebas continuas y analizar de manera efectiva los resultados, las empresas pueden garantizar que sus campañas no solo alcancen a su audiencia, sino que también generen un retorno significativo de la inversión. En última instancia, la combinación de estas prácticas no solo impulsa las conversiones, sino que también fomenta un crecimiento sostenible y a largo plazo en el competitivo panorama digital.

Email Marketing

- ## Captación y segmentación de leads

La captación y segmentación de leads son componentes esenciales en la estrategia de marketing digital de cualquier empresa. Captar leads implica atraer y convertir a visitantes en interesados o prospectos, mientras que la segmentación de estos leads permite clasificar y organizar a los potenciales clientes en grupos específicos para optimizar las estrategias de marketing y ventas. Este proceso no solo mejora la eficiencia, sino que también aumenta la probabilidad de conversión al personalizar la comunicación y el enfoque según las características y comportamientos de cada segmento.

Captación de Leads

La captación de leads es el primer paso en el embudo de ventas, donde el objetivo es atraer la atención de los usuarios y convertir su interés en información valiosa que permita a la empresa iniciar una relación con ellos. Este proceso puede llevarse a cabo a través de múltiples canales y técnicas, que pueden incluir:

1. **Marketing de Contenido:** Crear contenido valioso y relevante es una de las formas más efectivas de atraer leads. A través de blogs, ebooks, infografías, y videos informativos, las empresas pueden proporcionar soluciones a problemas comunes de su audiencia, estableciendo su autoridad en el tema y motivando a los visitantes a dejar su información de contacto para acceder a contenido más exclusivo.

2. **Landing Pages:** Las páginas de destino (landing pages) son diseñadas específicamente para capturar información de los visitantes. Al ofrecer contenido exclusivo, como un ebook o una prueba gratuita, a cambio de datos de contacto, las empresas pueden aumentar la tasa de conversión de visitantes en leads.

3. **SEO (Optimización para Motores de Búsqueda):** Mejorar la visibilidad de un sitio web a través de técnicas de SEO ayuda a atraer tráfico orgánico. Un sitio optimizado para motores de búsqueda puede atraer a usuarios que buscan activamente soluciones que la empresa ofrece, facilitando así la captación de leads.

4. **Redes Sociales:** Utilizar plataformas de redes sociales para promocionar contenido, ofertas y eventos puede ayudar a atraer la atención de nuevos leads. La interacción en redes sociales también fomenta una relación más directa y personal con la audiencia.

5. **Publicidad Pagada:** Las campañas de publicidad en línea, como Google Ads o anuncios en redes sociales, pueden ser una forma rápida de captar leads. Al segmentar anuncios hacia audiencias específicas, las empresas pueden dirigirse a usuarios que ya tienen un interés en sus productos o servicios.

6. **Webinars y Eventos Online:** Organizar webinars o eventos online permite a las empresas interactuar directamente con su audiencia, ofreciendo contenido educativo que puede llevar a la captación de leads interesados en aprender más.

Segmentación de Leads

Una vez que se han captado leads, la siguiente etapa es la segmentación. Este proceso implica clasificar a los leads en grupos específicos basados en características y comportamientos comunes, lo que permite personalizar el enfoque de marketing y aumentar la efectividad de las campañas. La segmentación puede realizarse de diversas maneras:

1. **Demográfica:** La segmentación demográfica considera factores como edad, género, ubicación geográfica y nivel de ingresos. Esta información ayuda a las empresas a entender quiénes son sus leads y cómo adaptar sus mensajes para resonar con cada grupo.

2. **Psicográfica:** Este enfoque se centra en las características psicológicas de los leads, como sus intereses, valores y estilo de vida. Comprender estos aspectos permite a las empresas crear campañas más personalizadas y relevantes.

3. **Comportamental:** La segmentación comportamental analiza las interacciones de los leads con la marca, como la frecuencia de visita al sitio web, el contenido consumido y las acciones realizadas (por ejemplo, descargas o registros). Esta información permite identificar leads más comprometidos y con mayor potencial de conversión.

4. **Etapa del Embudo de Ventas:** Clasificar leads según su posición en el embudo de ventas (conciencia, consideración, decisión) ayuda a las empresas a dirigir el contenido y los mensajes adecuados en el momento preciso. Por ejemplo, un lead en la etapa de consideración puede necesitar estudios de caso o testimonios, mientras que uno en la etapa de decisión puede requerir una oferta especial.

5. **Interacciones Previas:** La segmentación puede basarse en las interacciones previas de un lead con la marca, como correos electrónicos abiertos, clics en enlaces o participación en eventos. Esto permite a las empresas personalizar su comunicación para maximizar la relevancia.

Herramientas y Técnicas para la Captación y Segmentación de Leads

Para llevar a cabo la captación y segmentación de leads de manera efectiva, las empresas pueden utilizar diversas herramientas y técnicas:

- **CRM (Customer Relationship Management):** Las plataformas de CRM ayudan a gestionar la información de los leads, facilitando la segmentación y el seguimiento de las interacciones.

- **Automatización de Marketing:** Las herramientas de automatización permiten enviar correos electrónicos personalizados y gestionar campañas de manera eficiente, mejorando la experiencia del usuario y aumentando las tasas de conversión.

- **Análisis de Datos:** Utilizar herramientas de análisis de datos para examinar el comportamiento de los leads y evaluar el rendimiento de las campañas ayuda a realizar ajustes informados.

- **Formularios de Captura de Leads:** Formularios optimizados en el sitio web, que solicitan solo la información esencial, pueden aumentar la tasa de conversión al captar leads sin abrumar a los visitantes.

La captación y segmentación de leads son procesos fundamentales en el marketing digital que permiten a las empresas construir relaciones efectivas con sus clientes potenciales. Al implementar estrategias de captación efectivas y utilizar técnicas de segmentación precisas, las empresas pueden optimizar sus esfuerzos de marketing, personalizar la comunicación y, en última instancia, aumentar las tasas de conversión. En un mundo digital donde la atención del consumidor es escasa, entender cómo atraer y clasificar a los leads es crucial para el éxito comercial y el crecimiento sostenible.

• Automatización y personalización de campañas

La automatización y personalización de campañas son dos prácticas clave en el marketing digital que permiten a las empresas maximizar la eficiencia de sus esfuerzos publicitarios y mejorar la experiencia del cliente. En un entorno donde la competencia es feroz y las expectativas de los consumidores son cada vez más altas, la capacidad de automatizar procesos y personalizar la comunicación se ha convertido en una ventaja competitiva esencial.

Automatización de Campañas

La automatización de campañas se refiere al uso de software y herramientas para ejecutar tareas de marketing de manera automática, lo que permite a las empresas ahorrar tiempo, reducir errores y optimizar recursos. Esta práctica abarca diversas áreas del marketing digital, incluyendo correos electrónicos, redes sociales, gestión de leads y análisis de datos.

Beneficios de la Automatización

1. **Eficiencia Operativa:** La automatización permite a las empresas ejecutar campañas de marketing sin intervención manual constante. Esto no solo ahorra tiempo, sino que también libera recursos humanos para enfocarse en estrategias más creativas y de mayor impacto.

2. **Consistencia en la Comunicación:** Con la automatización, las empresas pueden asegurarse de que sus mensajes se envían de manera oportuna y coherente, lo que contribuye a una mejor imagen de marca y a una experiencia de usuario más fluida.

3. **Escalabilidad:** A medida que una empresa crece, la automatización facilita la escalabilidad de las campañas de marketing. Las herramientas automatizadas pueden manejar un aumento en la cantidad de leads, interacciones y datos sin requerir una expansión significativa del equipo.

4. **Segmentación y Personalización:** La automatización permite a las empresas segmentar su base de datos y enviar mensajes personalizados a grupos específicos. Esto se logra a través de la recopilación y análisis de datos, que informan sobre las preferencias y comportamientos de los leads.

5. **Análisis y Optimización:** Las plataformas de automatización suelen incluir herramientas analíticas que permiten a las empresas medir el rendimiento de sus campañas en tiempo real. Esto facilita la identificación de áreas que necesitan mejoras y la implementación de cambios rápidos y basados en datos.

Personalización de Campañas

La personalización en el marketing se refiere a la práctica de adaptar la comunicación y la experiencia del cliente a las preferencias individuales y al comportamiento de cada usuario. Este enfoque no solo mejora la relevancia de los mensajes, sino que también aumenta la probabilidad de conversión.

Estrategias de Personalización

1. **Uso de Datos del Cliente:** La personalización efectiva se basa en datos. Las empresas pueden utilizar información recopilada sobre el comportamiento de los usuarios, sus intereses y sus interacciones previas con la marca para crear mensajes más relevantes y dirigidos.

2. **Segmentación Avanzada:** La segmentación no solo implica dividir a los leads en grupos generales, sino también identificar subgrupos dentro de estos segmentos

que comparten características y comportamientos específicos. Esto permite una personalización aún más precisa.

3. **Contenido Dinámico:** Las empresas pueden utilizar contenido dinámico en sus correos electrónicos y páginas web que se adapte en tiempo real según la información del usuario. Por ejemplo, los correos electrónicos pueden incluir recomendaciones de productos basadas en compras anteriores o navegación.

4. **Ofertas Personalizadas:** Al ofrecer descuentos o promociones personalizadas, las empresas pueden aumentar la motivación de los leads para realizar una compra. Estas ofertas pueden basarse en el historial de compras o en el comportamiento reciente del usuario.

5. **Comunicación Multicanal:** La personalización también se extiende a la experiencia del cliente en múltiples canales. Al coordinar mensajes en correos electrónicos, redes sociales y sitios web, las empresas pueden crear una experiencia de usuario cohesiva y atractiva.

Integración de Automatización y Personalización

La verdadera potencia del marketing digital se logra cuando la automatización y la personalización se combinan de manera efectiva. Las herramientas de automatización permiten a las empresas personalizar sus campañas a gran escala, lo que sería difícil de lograr manualmente. Por ejemplo, una empresa puede crear un flujo de trabajo automatizado que envía correos electrónicos personalizados a los leads en función de su comportamiento en el sitio web, como la descarga de un recurso o la visualización de un producto específico.

Además, la automatización puede ayudar a segmentar a los usuarios en tiempo real, asegurando que las empresas siempre estén comunicándose con los leads más relevantes. Al aprovechar el análisis de datos, las empresas pueden ajustar sus campañas en función de la respuesta del público, optimizando continuamente la experiencia del cliente.

Herramientas de Automatización y Personalización

Para implementar la automatización y personalización de campañas, las empresas pueden utilizar una variedad de herramientas y plataformas, incluyendo:

- **Plataformas de Automatización de Marketing:** Herramientas como HubSpot, Marketo o Mailchimp permiten a las empresas automatizar el envío de correos electrónicos, gestionar campañas en redes sociales y realizar seguimientos del comportamiento del usuario.

- **CRM (Customer Relationship Management):** Los sistemas de CRM, como Salesforce o Zoho, ayudan a centralizar la información del cliente y facilitar la segmentación y personalización de las campañas.

- **Análisis de Datos:** Herramientas analíticas como Google Analytics y otras plataformas de BI (Business Intelligence) permiten a las empresas recopilar y analizar datos del comportamiento del cliente para informar sus estrategias de personalización.

La automatización y personalización de campañas son prácticas fundamentales en el marketing digital que permiten a las empresas maximizar la eficiencia y mejorar la experiencia del cliente. Al implementar estrategias que combinan ambas prácticas, las empresas pueden no solo atraer y retener a sus leads, sino también convertirlos en clientes leales. En un entorno digital cada vez más competitivo, la capacidad de automatizar procesos y personalizar la comunicación se ha convertido en un diferenciador clave que impulsa el éxito y el crecimiento sostenible a largo plazo.

Estrategias para mejorar la tasa de conversión

Mejorar la tasa de conversión es uno de los objetivos más cruciales en el marketing digital, ya que se refiere al porcentaje de visitantes que realizan una acción deseada, como completar una compra, registrarse en un boletín informativo o descargar un recurso. Aumentar esta tasa puede significar un crecimiento significativo en los ingresos y la efectividad de las campañas de marketing. Para lograrlo, las empresas deben implementar una serie de estrategias bien definidas y alineadas con el comportamiento y las necesidades de su público objetivo.

Optimización de la Experiencia del Usuario

La experiencia del usuario (UX) juega un papel fundamental en la tasa de conversión. Un sitio web bien diseñado y fácil de navegar no solo atrae a más visitantes, sino que también facilita que estos realicen la acción deseada. Para optimizar la UX, es esencial que el diseño sea intuitivo, los tiempos de carga sean rápidos y el contenido sea accesible desde diferentes dispositivos, especialmente móviles. Implementar un diseño responsivo garantiza que todos los usuarios, sin importar el dispositivo que utilicen, tengan una experiencia fluida. Además, realizar pruebas de usabilidad puede identificar puntos de fricción en el recorrido del usuario, permitiendo realizar mejoras específicas que faciliten la conversión.

Llamadas a la Acción (CTAs) Efectivas

Las llamadas a la acción son elementos clave en cualquier estrategia de conversión. Deben ser claras, atractivas y ubicarse estratégicamente en el contenido. Una buena práctica es utilizar verbos de acción que inspiren urgencia, como "Compra ahora" o "Regístrate gratis". Además, es beneficioso probar diferentes variaciones de CTAs para ver cuáles generan más conversiones. Esto puede incluir cambios en el color, el texto, la ubicación y el tamaño del botón. Realizar pruebas A/B puede ser muy útil en este contexto, permitiendo a las empresas identificar qué versiones de sus CTAs resuenan más con su audiencia.

Contenido Persuasivo y Relevante

El contenido que se ofrece a los usuarios debe ser persuasivo y alineado con sus intereses y necesidades. Esto implica no solo crear contenido atractivo, sino también entender qué tipo de información buscan los visitantes. Al proporcionar soluciones a sus problemas o responder a sus preguntas, se aumenta la probabilidad de que realicen la acción deseada. Además, utilizar testimonios, casos de éxito y opiniones de clientes puede aumentar la credibilidad de la oferta y fomentar la conversión. Incluir elementos visuales atractivos, como imágenes y videos, también puede ayudar a mantener el interés del visitante y guiarlo hacia la conversión.

Optimización de la Página de Aterrizaje

Las páginas de aterrizaje son cruciales para la conversión, ya que son la primera impresión que recibe el visitante al hacer clic en un anuncio o enlace. Para optimizar estas páginas, es fundamental que estén alineadas con la promesa del anuncio y que ofrezcan una experiencia coherente. Esto incluye mantener un diseño limpio, con un enfoque claro en la acción que se desea que el usuario realice. Además, minimizar las distracciones y eliminar elementos innecesarios puede aumentar la tasa de conversión. Proporcionar información clara sobre los beneficios del producto o servicio, junto con elementos de confianza como sellos de seguridad y garantías, también contribuye a mejorar la efectividad de la página de aterrizaje.

Uso de Pruebas Sociales y Elementos de Confianza

La psicología del consumidor indica que las personas son más propensas a realizar una acción si ven que otros ya lo han hecho. Por lo tanto, incluir pruebas sociales, como reseñas de clientes, calificaciones y estadísticas de uso, puede ser muy efectivo. Los testimonios de clientes satisfechos, las menciones en medios y los estudios de caso pueden ayudar a construir confianza en la marca. Además, ofrecer garantías, como devoluciones sin complicaciones o períodos de prueba gratuitos, puede reducir la percepción de riesgo y animar a los usuarios a completar su conversión.

Personalización del Contenido y de la Experiencia

La personalización es una estrategia poderosa para mejorar la tasa de conversión, ya que permite adaptar la experiencia del usuario según sus comportamientos previos y sus preferencias. Al utilizar datos analíticos, las empresas pueden crear experiencias personalizadas que hablen directamente a las necesidades de cada usuario. Esto puede incluir recomendaciones de productos basadas en compras anteriores, contenido adaptado a intereses específicos y comunicaciones personalizadas a través de correos electrónicos. La personalización no solo aumenta la relevancia, sino que también mejora la conexión emocional del cliente con la marca.

Estrategias de Retargeting

El retargeting es una técnica que permite volver a atraer a los usuarios que han visitado el sitio web sin convertir. A través de anuncios personalizados en redes sociales y otras plataformas, las empresas pueden recordar a los visitantes su interés inicial y animarles a completar su compra. Esto se puede lograr mostrando anuncios que incluyan los productos que el usuario ha mirado o promocionando ofertas especiales. El retargeting es efectivo porque se dirige a personas que ya están familiarizadas con la marca, lo que aumenta la probabilidad de conversión.

Análisis y Ajustes Continuos

Por último, es crucial que las empresas realicen un análisis constante de sus campañas de marketing digital y de la tasa de conversión. Utilizando herramientas analíticas, pueden identificar qué tácticas están funcionando y cuáles no, permitiendo ajustes en tiempo real. El análisis de datos permite a las empresas entender el comportamiento del usuario, identificar patrones y realizar cambios basados en información concreta. Este proceso continuo de mejora no solo ayuda a optimizar la tasa de conversión, sino que también contribuye al crecimiento sostenido del negocio.

Mejorar la tasa de conversión es un objetivo que requiere una combinación de estrategias bien pensadas y un enfoque centrado en el usuario. Desde la optimización de la experiencia del usuario hasta el uso de contenido persuasivo y pruebas sociales, cada aspecto del marketing digital debe estar alineado para maximizar la efectividad. Implementando un enfoque basado en datos y realizando ajustes continuos, las empresas pueden no solo mejorar su tasa de conversión, sino también construir relaciones más sólidas y duraderas con sus clientes. En un entorno digital en constante evolución, aquellas empresas que inviertan en mejorar su tasa de conversión estarán mejor posicionadas para tener éxito a largo plazo.

Análisis y Métricas

- ## Herramientas de análisis (Google Analytics, SEMrush, etc.)

En el ámbito del marketing digital, el análisis de datos se ha convertido en una práctica fundamental para la toma de decisiones informadas y la optimización de estrategias. Las herramientas de análisis permiten a las empresas obtener información valiosa sobre el comportamiento de los usuarios, el rendimiento de las campañas y las tendencias del mercado. Entre las herramientas más populares y efectivas se encuentran Google Analytics, SEMrush y muchas otras que ofrecen diferentes funcionalidades para abordar las necesidades específicas de los profesionales del marketing.

Google Analytics

Google Analytics es una de las herramientas de análisis más utilizadas a nivel mundial. Ofrece una amplia gama de funcionalidades que permiten a las empresas rastrear el tráfico del sitio web y obtener información detallada sobre los visitantes. A través de esta plataforma, los usuarios pueden analizar métricas clave como el número de visitas, la duración media de la sesión, las páginas más visitadas, la tasa de rebote y el origen del tráfico.

Una de las características más valiosas de Google Analytics es su capacidad para segmentar datos. Las empresas pueden crear segmentos específicos para entender el comportamiento de grupos particulares de usuarios, como aquellos que han realizado conversiones, los que provienen de campañas publicitarias o aquellos que interactúan con contenido específico. Además, Google Analytics permite establecer objetivos y medir el rendimiento de las conversiones, lo que ayuda a identificar qué estrategias están funcionando y cuáles necesitan ajustes.

SEMrush

SEMrush es una herramienta integral de marketing digital que se centra en el análisis SEO, la investigación de palabras clave, el análisis de la competencia y la auditoría del sitio web. Esta plataforma es especialmente valiosa para las empresas que buscan mejorar su visibilidad en los motores de búsqueda. SEMrush proporciona datos sobre el rendimiento de palabras clave, el tráfico orgánico, los backlinks y el rendimiento de la competencia.

Con SEMrush, las empresas pueden realizar un análisis exhaustivo de su posicionamiento en los motores de búsqueda y recibir recomendaciones para optimizar su contenido y su estrategia SEO. La herramienta permite a los usuarios identificar oportunidades de palabras clave y monitorear el rendimiento de las mismas a lo largo del tiempo. Además, SEMrush incluye funcionalidades para el análisis de anuncios pagados y la gestión de redes sociales, lo que la convierte en una solución integral para el marketing digital.

Otras Herramientas de Análisis

Además de Google Analytics y SEMrush, existen otras herramientas de análisis que pueden complementar las estrategias de marketing digital. Algunas de estas incluyen:

- **Ahrefs**: Similar a SEMrush, Ahrefs es una potente herramienta de SEO que permite a los usuarios analizar el perfil de backlinks, investigar palabras clave y realizar auditorías del sitio web. Es especialmente útil para entender la salud SEO de un sitio y para identificar oportunidades de contenido.

- **Hotjar**: Esta herramienta se centra en la experiencia del usuario y el comportamiento en el sitio web. A través de mapas de calor, grabaciones de sesiones y encuestas, Hotjar proporciona información sobre cómo los visitantes interactúan con el sitio, lo que permite a las empresas identificar áreas de mejora.

- **Moz**: Moz ofrece una variedad de herramientas para el SEO, incluyendo un rastreador de sitios web, un análisis de backlinks y un generador de palabras clave. Su enfoque en la optimización de motores de búsqueda la convierte en una opción popular entre los profesionales del marketing digital.

- **Kissmetrics**: Esta herramienta se centra en el análisis del comportamiento del cliente, permitiendo a las empresas rastrear cómo los usuarios interactúan con su sitio a lo largo del tiempo. Kissmetrics es útil para comprender el viaje del cliente y optimizar las estrategias de conversión.

- **Tableau**: Tableau es una herramienta de visualización de datos que permite a las empresas crear informes interactivos y paneles de control personalizados. Esto facilita la comprensión de datos complejos y permite a los equipos de marketing presentar informes claros y concisos sobre el rendimiento de sus estrategias.

Las herramientas de análisis son esenciales en el marketing digital moderno, ya que proporcionan a las empresas la información necesaria para tomar decisiones informadas y mejorar sus estrategias. Google Analytics y SEMrush son solo algunas de las opciones disponibles, cada una con sus propias características y enfoques. La combinación de diferentes herramientas puede ofrecer una visión más completa del rendimiento y el comportamiento del usuario, lo que permite a las empresas optimizar continuamente sus campañas y maximizar su retorno de inversión. En un entorno digital tan dinámico, el uso de herramientas de análisis efectivas no solo es una ventaja competitiva, sino una necesidad para alcanzar el éxito en el marketing digital.

Interpretación de métricas y ajuste de estrategias

La interpretación de métricas y el ajuste de estrategias son dos componentes esenciales en el ciclo continuo de optimización en el marketing digital. Con la gran cantidad de datos que se generan a través de diferentes plataformas y herramientas de análisis, la capacidad de entender estos números y traducirlos en acciones concretas es lo que diferencia a las campañas exitosas de aquellas que no logran sus objetivos.

Importancia de la Interpretación de Métricas

Las métricas son indicadores cuantificables que permiten a las empresas medir el rendimiento de sus estrategias de marketing. Estas pueden variar según los objetivos de cada campaña, pero entre las más comunes se encuentran la tasa de conversión, el tráfico web, el retorno sobre la inversión (ROI), el costo por adquisición (CPA), la tasa de rebote, y el tiempo en el sitio, entre otros. La interpretación efectiva de estas métricas es crucial por varias razones:

1. **Evaluación del Rendimiento**: Las métricas proporcionan una visión clara de cómo están funcionando las campañas. Al monitorear continuamente estos indicadores, los profesionales del marketing pueden identificar qué tácticas están funcionando y cuáles no, permitiendo una evaluación objetiva del rendimiento.

2. **Identificación de Tendencias**: Analizar las métricas a lo largo del tiempo permite detectar tendencias emergentes. Por ejemplo, un aumento en el tráfico desde un canal específico puede indicar la efectividad de una campaña en ese medio, mientras que una disminución en la tasa de conversión puede señalar un problema que necesita ser abordado.

3. **Mejora de la Toma de Decisiones**: La interpretación de métricas informadas permite a las empresas tomar decisiones basadas en datos, en lugar de suposiciones. Esto reduce el riesgo de implementar estrategias ineficaces y aumenta la probabilidad de éxito.

Ajuste de Estrategias

Una vez que se han interpretado las métricas, el siguiente paso es ajustar las estrategias en función de los hallazgos. Este proceso puede implicar cambios en diversos aspectos de la campaña, como el contenido, los canales utilizados, el público objetivo y las tácticas de promoción. Aquí hay algunas consideraciones clave para realizar ajustes estratégicos efectivos:

1. **Refinamiento del Contenido**: Si las métricas indican que ciertos tipos de contenido están generando más compromiso, las empresas deberían considerar la posibilidad de crear más contenido en esa línea. Por el contrario, si el contenido no está resonando con el público, es hora de reevaluar la estrategia de contenido, incluyendo la forma, el tono y el enfoque del mensaje.

2. **Optimización de Canales**: Los análisis pueden revelar que ciertos canales están generando un mayor retorno de inversión que otros. Las empresas deben estar dispuestas a redistribuir recursos hacia los canales más efectivos y reconsiderar o pausar las campañas en aquellos que no están dando resultados.

3. **Segmentación y Personalización**: Los datos sobre el comportamiento del usuario pueden ayudar a las empresas a comprender mejor su público objetivo. Esto puede llevar a una mayor segmentación y personalización de las campañas, asegurando que el mensaje adecuado llegue a la audiencia adecuada en el momento correcto.

4. **Iteración Continua**: El marketing digital es un proceso dinámico. Las estrategias deben ser revisadas y ajustadas de manera regular para adaptarse a los cambios en el comportamiento del consumidor, la competencia y el entorno del mercado. Las pruebas A/B son una excelente manera de experimentar con diferentes enfoques y ajustar las estrategias en función de los resultados.

5. **Monitoreo de KPIs Clave**: Es crucial establecer KPIs claros desde el inicio y hacer un seguimiento constante. Si ciertos KPIs no están siendo alcanzados, se deben realizar ajustes específicos en las estrategias. Esto puede implicar cambios tácticos menores o una revisión más profunda de la estrategia general.

Herramientas para la Interpretación de Métricas

Para facilitar la interpretación de métricas y la realización de ajustes estratégicos, existen diversas herramientas de análisis que pueden ayudar a los profesionales del marketing. Google Analytics permite un análisis profundo del tráfico y el comportamiento del usuario, mientras que plataformas como SEMrush o Ahrefs pueden proporcionar información valiosa sobre SEO y análisis de la competencia. Herramientas como Tableau o Google Data Studio también son útiles para la visualización de datos, lo que facilita la identificación de tendencias y patrones en las métricas.

La interpretación de métricas y el ajuste de estrategias son procesos interconectados que son vitales para el éxito del marketing digital. Al monitorear y analizar las métricas de forma continua, las empresas pueden tomar decisiones informadas que optimizan sus campañas y maximizan su impacto. Este enfoque basado en datos no solo mejora la efectividad de las estrategias de marketing, sino que también fortalece la relación con los clientes, asegurando que las campañas sean relevantes y efectivas en un entorno digital en constante evolución. En última instancia, el éxito en el marketing digital se basa en la capacidad de aprender y adaptarse, aprovechando las métricas como guía para la mejora continua.

Reportes y presentación de resultados

La elaboración de reportes y la presentación de resultados son etapas cruciales en el proceso de marketing digital, ya que permiten a las empresas evaluar el rendimiento de sus campañas, compartir información valiosa con los interesados y tomar decisiones estratégicas informadas. Un reporte bien diseñado no solo resume los resultados, sino que también proporciona un análisis profundo que puede guiar futuras acciones.

Importancia de los Reportes en Marketing Digital

Los reportes son esenciales porque permiten a los equipos de marketing y a la alta dirección entender el impacto de sus esfuerzos en el ámbito digital. Estos documentos actúan como una instantánea del rendimiento de las campañas en un período determinado y ayudan a:

1. **Medir el Rendimiento**: Los reportes proporcionan un resumen claro de cómo se han desempeñado las campañas en relación con los objetivos establecidos. Esto incluye métricas como tráfico web, tasas de conversión, engagement en redes sociales y retorno de inversión (ROI).

2. **Identificar Éxitos y Áreas de Mejora**: A través del análisis de resultados, las empresas pueden identificar qué estrategias han sido efectivas y cuáles requieren ajustes. Esto permite a los equipos aprender de sus éxitos y fracasos, mejorando continuamente sus enfoques.

3. **Informar a las Partes Interesadas**: Los reportes facilitan la comunicación de los resultados a otros departamentos y a la alta dirección. Proporcionar datos y análisis claros es fundamental para asegurar que todos los involucrados

entiendan el valor del marketing digital y cómo contribuye a los objetivos generales de la empresa.

4. **Tomar Decisiones Basadas en Datos**: Los reportes permiten a los equipos de marketing basar sus decisiones en datos concretos, en lugar de suposiciones. Esto es especialmente importante en un entorno cambiante como el marketing digital, donde la adaptación rápida es clave para el éxito.

Elementos Clave de un Reporte de Marketing Digital

Para que un reporte sea efectivo, debe incluir varios elementos clave que aseguren que la información presentada sea clara y útil:

- **Objetivos y KPIs**: Iniciar el reporte con una sección que resuma los objetivos de la campaña y los KPIs definidos. Esto proporciona un contexto importante para los resultados que se presentarán posteriormente.

- **Datos Cuantitativos y Cualitativos**: Incluir tanto métricas numéricas como análisis cualitativos. Por ejemplo, combinar cifras de tráfico web con comentarios de clientes o reseñas en redes sociales para ofrecer una visión completa.

- **Análisis Comparativo**: Comparar los resultados actuales con los de períodos anteriores, así como con benchmarks de la industria. Esto ayuda a contextualizar el rendimiento y a identificar tendencias.

- **Visualizaciones de Datos**: Utilizar gráficos, tablas y diagramas para presentar los datos de manera visual. Las visualizaciones facilitan la comprensión de los resultados y destacan patrones que podrían pasarse por alto en los datos en bruto.

- **Recomendaciones**: Basándose en los resultados y el análisis, incluir recomendaciones específicas sobre cómo ajustar las estrategias en el futuro. Esto demuestra que el equipo no solo ha recopilado datos, sino que también está comprometido con la mejora continua.

- **Conclusiones**: Cerrar el reporte con un resumen de los hallazgos más importantes y su implicación para las futuras campañas de marketing. Esto ayuda a mantener el enfoque en lo que es esencial y a reforzar las lecciones aprendidas.

Presentación de Resultados

La presentación de resultados es una extensión del proceso de reporte y es crucial para garantizar que los hallazgos se comuniquen de manera efectiva a todas las partes interesadas. Aquí hay algunas estrategias para llevar a cabo una presentación exitosa:

1. **Conocer a la Audiencia**: Adaptar el contenido y el enfoque de la presentación según la audiencia. Por ejemplo, los directivos pueden estar más interesados en las implicaciones financieras, mientras que el equipo de marketing puede querer profundizar en los detalles tácticos.

2. **Utilizar Herramientas de Presentación**: Herramientas como PowerPoint, Google Slides o Prezi pueden ayudar a crear presentaciones visualmente atractivas. Incluir gráficos y visualizaciones de datos en la presentación puede hacer que la información sea más accesible.

3. **Contar una Historia**: Presentar los resultados como una narrativa puede ser más atractivo que simplemente enumerar datos. Esto implica establecer el contexto, presentar los desafíos, los éxitos y las lecciones aprendidas de manera que mantenga el interés del público.

4. **Ser Claro y Conciso**: Evitar el uso de jerga técnica excesiva y centrarse en los puntos clave. Una presentación clara y concisa permite que la audiencia absorba la información de manera efectiva.

5. **Fomentar la Participación**: Invitar a preguntas y fomentar la discusión durante la presentación puede enriquecer el análisis y llevar a nuevas ideas y enfoques. Esto también ayuda a asegurar que todos los asistentes se sientan involucrados y valorados.

Los reportes y la presentación de resultados son componentes esenciales del marketing digital, ya que permiten a las empresas medir el impacto de sus esfuerzos, identificar áreas de mejora y tomar decisiones informadas. A través de un análisis riguroso y la comunicación efectiva de hallazgos, las organizaciones pueden optimizar sus estrategias de marketing y asegurar que están en el camino correcto para alcanzar sus objetivos comerciales. En un mundo donde los datos son cada vez más importantes, dominar el arte de la creación de reportes y la presentación de resultados es fundamental para el éxito en el marketing digital.

Tendencias Futuras en Marketing Digital

• Inteligencia artificial y automatización en marketing

La inteligencia artificial (IA) y la automatización están transformando radicalmente el panorama del marketing digital, proporcionando herramientas y estrategias que no solo mejoran la eficiencia, sino que también permiten una personalización más profunda y un mejor entendimiento del comportamiento del consumidor. A medida que las empresas buscan destacar en un entorno altamente competitivo, la incorporación de estas tecnologías se ha convertido en una necesidad para optimizar las campañas y maximizar los resultados.

Inteligencia Artificial en Marketing

La inteligencia artificial se refiere a la simulación de procesos de inteligencia humana por parte de sistemas informáticos. En el contexto del marketing, la IA se utiliza para analizar grandes volúmenes de datos, predecir comportamientos de consumidores y automatizar tareas que anteriormente requerían intervención humana. Algunas de las aplicaciones más relevantes de la IA en marketing incluyen:

1. **Análisis Predictivo**: La IA permite a las empresas analizar datos históricos y actuales para prever tendencias futuras y comportamientos de los consumidores. Mediante algoritmos de aprendizaje automático, se pueden identificar patrones que ayudan a anticipar las necesidades y preferencias de los clientes, lo que a su vez permite la creación de campañas más efectivas.

2. **Personalización del Contenido**: La IA puede analizar el comportamiento de los usuarios en línea y segmentar audiencias de manera más precisa. Esto permite a las empresas personalizar el contenido y las ofertas en función de los intereses y comportamientos individuales, lo que resulta en una mayor relevancia y engagement.

3. **Chatbots y Asistentes Virtuales**: Los chatbots, impulsados por IA, ofrecen atención al cliente las 24 horas del día, respondiendo preguntas frecuentes, gestionando reservas y brindando asistencia personalizada. Esto no solo mejora la experiencia del cliente, sino que también libera recursos humanos para que se concentren en tareas más estratégicas.

4. **Optimización de Campañas Publicitarias**: La IA se puede utilizar para optimizar las campañas publicitarias en tiempo real. Herramientas de inteligencia artificial analizan el rendimiento de los anuncios y ajustan automáticamente las pujas, los presupuestos y las segmentaciones para maximizar el retorno de la inversión.

5. **Creación de Contenido Automatizada**: Herramientas de generación de contenido impulsadas por IA pueden crear textos, imágenes y videos personalizados basados en datos demográficos y comportamientos de los consumidores. Esto facilita la producción de contenido relevante y atractivo de manera más eficiente.

Automatización en Marketing

La automatización de marketing se refiere al uso de software para automatizar tareas de marketing repetitivas y administrativas. Esto permite a los equipos de marketing centrarse en la estrategia y la creatividad, mientras que las herramientas se encargan de la ejecución. Las principales ventajas de la automatización en marketing incluyen:

1. **Eficiencia Operativa**: La automatización elimina la necesidad de realizar tareas manuales, lo que ahorra tiempo y reduce el riesgo de errores. Esto permite que los equipos de marketing sean más productivos y se concentren en la planificación estratégica y la creatividad.

2. **Gestión de Leads**: Las herramientas de automatización permiten gestionar y nutrir leads a través de embudos de ventas automatizados. Esto incluye el envío de correos electrónicos personalizados, seguimiento de interacciones y segmentación de leads según su comportamiento.

3. **Campañas Multicanal**: La automatización permite a las empresas ejecutar campañas de marketing en múltiples canales de manera coordinada y coherente. Las plataformas de automatización pueden gestionar correos electrónicos, redes sociales, publicidad y más desde un solo lugar, asegurando una experiencia de cliente fluida.

4. **Análisis y Reporting**: Las herramientas de automatización pueden recopilar y analizar datos de diferentes fuentes, generando informes detallados sobre el rendimiento de las campañas. Esto proporciona una visión clara de qué tácticas están funcionando y cuáles necesitan ajustes.

5. **Pruebas A/B y Optimización**: Las plataformas de automatización permiten realizar pruebas A/B de manera sencilla, lo que facilita la experimentación con diferentes mensajes, diseños y enfoques. Esto ayuda a optimizar las campañas y maximizar la efectividad.

La Sinergia entre IA y Automatización

La combinación de inteligencia artificial y automatización crea un poderoso ecosistema que mejora significativamente las estrategias de marketing. La IA aporta inteligencia analítica y predictiva, mientras que la automatización optimiza la ejecución y el seguimiento de las campañas. Esta sinergia permite a las empresas:

- **Tomar Decisiones Basadas en Datos**: La IA proporciona información y análisis profundos que informan las decisiones estratégicas, mientras que la automatización asegura que estas decisiones se implementen de manera eficiente.

- **Escalabilidad**: Las empresas pueden escalar sus esfuerzos de marketing sin aumentar proporcionalmente los recursos humanos. La automatización facilita el manejo de un mayor volumen de leads y campañas, mientras que la IA asegura que las estrategias se ajusten a las necesidades cambiantes del mercado.

- **Mejorar la Experiencia del Cliente**: La personalización impulsada por la IA, combinada con la automatización de comunicaciones, resulta en interacciones más relevantes y oportunas para los clientes, lo que mejora su experiencia y fidelidad a la marca.

Desafíos y Consideraciones

A pesar de los beneficios significativos que la inteligencia artificial y la automatización pueden ofrecer, también presentan desafíos. Las empresas deben ser conscientes de la ética en el uso de datos, la privacidad del consumidor y la necesidad de mantener un toque humano en las interacciones. Además, la implementación de estas tecnologías puede requerir inversiones significativas en software y capacitación del personal.

La inteligencia artificial y la automatización están revolucionando el marketing digital, ofreciendo oportunidades sin precedentes para optimizar las campañas, personalizar la experiencia del cliente y mejorar la eficiencia operativa. A medida que estas tecnologías continúan evolucionando, las empresas que las adopten y las integren de manera efectiva en sus estrategias de marketing estarán mejor posicionadas para destacarse en un entorno competitivo y en constante cambio. En última instancia, la clave del éxito radica en utilizar la tecnología como una herramienta para potenciar la creatividad y la conexión auténtica con los consumidores.

• La era del marketing conversacional

La era del marketing conversacional ha emergido como una respuesta a la necesidad de las marcas de adaptarse a un entorno digital donde la interacción directa y personalizada con los consumidores es más crucial que nunca. Este enfoque se basa en la idea de que el marketing no debe ser un monólogo unidireccional, sino un diálogo continuo que fomente una relación auténtica y significativa entre las marcas y sus audiencias.

¿Qué es el Marketing Conversacional?

El marketing conversacional se refiere a las interacciones entre las marcas y los consumidores que se producen a través de plataformas de mensajería, redes sociales, chatbots y otras herramientas de comunicación que facilitan el diálogo bidireccional. En lugar de centrarse únicamente en la transmisión de mensajes publicitarios, este enfoque busca involucrar a los consumidores en conversaciones que les permitan expresar sus necesidades, hacer preguntas y recibir respuestas en tiempo real.

Características Clave

Una de las características más destacadas del marketing conversacional es su naturaleza instantánea y accesible. A través de aplicaciones de mensajería y redes sociales, los consumidores pueden comunicarse con las marcas de manera fácil y rápida, lo que fomenta un sentido de inmediatez. Además, este tipo de marketing se basa en la personalización, utilizando datos sobre el comportamiento del usuario para adaptar las interacciones a las preferencias individuales. La IA y los chatbots son herramientas fundamentales en este ámbito, ya que permiten a las marcas responder automáticamente a preguntas frecuentes y gestionar múltiples conversaciones al mismo tiempo.

La Evolución de la Comunicación con el Cliente

Tradicionalmente, la comunicación entre las marcas y los consumidores era unidireccional, donde las marcas transmitían mensajes a través de anuncios y promociones, y los consumidores eran receptores pasivos. Sin embargo, con el avance de la tecnología y el auge de las redes sociales, los consumidores ahora esperan un enfoque más interactivo y participativo. Esto ha llevado a un cambio en la estrategia de marketing, donde la construcción de relaciones auténticas y el fomento de la lealtad son primordiales.

El marketing conversacional permite a las marcas estar más cerca de sus clientes, entender sus deseos y necesidades, y adaptarse a ellos en tiempo real. En este contexto, las empresas no solo venden productos, sino que también ofrecen valor a través de la interacción y el apoyo. Este cambio ha llevado a una mayor satisfacción del cliente, ya que se sienten escuchados y valorados.

Ventajas del Marketing Conversacional

La adopción del marketing conversacional trae consigo una serie de beneficios significativos para las marcas:

1. **Mejora la Experiencia del Cliente**: Al permitir que los consumidores interactúen de manera más directa y personalizada, las marcas pueden ofrecer un servicio al cliente más eficiente y efectivo, lo que mejora la experiencia general del consumidor.

2. **Aumenta la Conversión**: La comunicación fluida y personalizada a menudo conduce a una mayor tasa de conversión, ya que los consumidores están más inclinados a realizar una compra cuando sienten que sus necesidades son comprendidas y atendidas.

3. **Fomenta la Lealtad a la Marca**: La creación de un diálogo constante y significativo con los clientes ayuda a construir relaciones más sólidas, lo que se traduce en una mayor lealtad hacia la marca. Los consumidores que se sienten valorados son más propensos a regresar y recomendar la marca a otros.

4. **Recopilación de Datos y Feedback**: Las conversaciones con los clientes ofrecen una rica fuente de información sobre sus preferencias y comportamientos. Las marcas pueden utilizar estos datos para mejorar sus productos, servicios y estrategias de marketing.

5. **Acceso a Nuevas Audiencias**: Al utilizar plataformas de mensajería y redes sociales, las marcas pueden llegar a nuevas audiencias y segmentos de mercado que pueden haber estado fuera de su alcance en el marketing tradicional.

Desafíos en la Implementación

A pesar de los beneficios, el marketing conversacional también presenta desafíos. La automatización a través de chatbots, por ejemplo, debe ser cuidadosamente equilibrada con la necesidad de mantener un toque humano en las interacciones. Los consumidores valoran la autenticidad y pueden frustrarse con respuestas automáticas que no abordan sus preocupaciones específicas. Además, las marcas deben ser conscientes de la gestión de datos y la privacidad, asegurando que las interacciones sean seguras y que los datos del cliente se manejen con respeto.

La era del marketing conversacional representa una evolución significativa en la forma en que las marcas interactúan con sus clientes. A medida que la tecnología continúa avanzando y las expectativas de los consumidores siguen cambiando, el marketing conversacional se posiciona como una estrategia esencial para las empresas que buscan destacar en un mercado saturado. Al enfocarse en la comunicación auténtica y bidireccional, las marcas no solo pueden mejorar la experiencia del cliente, sino también construir relaciones duraderas que impulsen la lealtad y el crecimiento a largo plazo. En este nuevo paradigma, la conversación se convierte en la clave del éxito en el marketing digital.

Realidad aumentada y marketing inmersivo

La realidad aumentada (RA) y el marketing inmersivo han transformado la manera en que las marcas interactúan con los consumidores, creando experiencias únicas que capturan la atención y fomentan una conexión más profunda. Estas innovaciones no solo amplían las posibilidades creativas del marketing, sino que también permiten a las marcas contar historias de una manera que involucra a los usuarios de manera activa y significativa.

¿Qué es la Realidad Aumentada?

La realidad aumentada es una tecnología que superpone información digital, como imágenes, videos y sonidos, sobre el mundo real a través de dispositivos como teléfonos inteligentes, tabletas y gafas inteligentes. A diferencia de la realidad virtual (RV), que crea un entorno completamente virtual, la RA enriquece la experiencia del mundo físico al añadir elementos digitales que pueden interactuar con el entorno real. Esta capacidad de integración de lo digital con lo físico ofrece oportunidades sin precedentes para el marketing.

Marketing Inmersivo: Una Nueva Dimensión

El marketing inmersivo va más allá de la simple visualización de contenido; busca involucrar a los consumidores de tal manera que se sientan parte de la experiencia. Esto puede incluir el uso de tecnologías como la RA, la realidad virtual (RV), el video 360 grados y otros formatos interactivos que permiten a los consumidores explorar, interactuar y experimentar un producto o servicio de una manera más profunda. La inmersión crea un entorno en el que los consumidores no solo observan, sino que participan activamente, lo que a menudo resulta en una mayor retención de información y un impacto emocional más fuerte.

Beneficios de la Realidad Aumentada en el Marketing

La integración de la realidad aumentada en las estrategias de marketing ofrece una serie de ventajas que pueden diferenciar a una marca en un mercado saturado:

1. **Interacción Aumentada**: La RA permite a los consumidores interactuar con los productos antes de comprarlos, brindando una experiencia más rica. Por ejemplo, las aplicaciones de RA pueden permitir a los usuarios visualizar cómo quedaría un mueble en su hogar antes de realizar la compra, reduciendo la incertidumbre y aumentando la confianza en la decisión de compra.

2. **Experiencias Memorables**: Las campañas que utilizan RA tienden a ser más memorables, ya que combinan el mundo físico con elementos digitales que sorprenden y encantan a los consumidores. Esta creatividad puede traducirse en un mayor reconocimiento de la marca y en la viralidad del contenido.

3. **Educación del Consumidor**: La RA puede servir como una herramienta educativa, ayudando a los consumidores a comprender mejor las características y beneficios de un producto. Por ejemplo, una marca de cosméticos puede usar RA para mostrar a los usuarios cómo aplicar un producto o qué efecto tendrá en su piel.

4. **Personalización**: Las experiencias de RA pueden ser altamente personalizables, lo que permite a las marcas ofrecer contenido adaptado a las preferencias individuales de los usuarios. Esto no solo mejora la satisfacción del cliente, sino que también aumenta la probabilidad de conversión.

5. **Fidelización**: Las experiencias inmersivas fomentan una conexión emocional más profunda entre el consumidor y la marca, lo que puede resultar en una mayor lealtad. Cuando los consumidores tienen experiencias positivas y memorables con una marca, es más probable que la elijan en el futuro y la recomienden a otros.

Casos de Éxito en Marketing Inmersivo

Varias marcas han aprovechado la realidad aumentada para crear campañas de marketing inmersivo exitosas. Un ejemplo destacado es IKEA, que lanzó la aplicación IKEA Place, permitiendo a los usuarios ver cómo se verían los muebles en sus hogares utilizando RA. Este enfoque no solo facilita la toma de decisiones de compra, sino que también genera un vínculo emocional al permitir que los consumidores imaginen sus vidas con los productos de IKEA.

Otro ejemplo es la marca de cosméticos L'Oréal, que desarrolló una aplicación llamada "Virtual Makeup" que permite a los usuarios probar diferentes productos de maquillaje en tiempo real mediante la cámara de su dispositivo. Esta innovación ha cambiado la forma en que los consumidores exploran y compran productos de belleza, eliminando la necesidad de probar físicamente los productos.

Desafíos y Consideraciones

A pesar de sus numerosos beneficios, la implementación de la realidad aumentada y el marketing inmersivo no está exenta de desafíos. Las marcas deben considerar la accesibilidad de la tecnología, ya que no todos los consumidores poseen dispositivos compatibles con RA. Además, el desarrollo de experiencias de RA efectivas puede requerir inversiones significativas en tiempo y recursos. Las marcas también deben tener en cuenta la experiencia del usuario; una mala implementación puede frustrar a los consumidores y perjudicar la imagen de la marca.

La realidad aumentada y el marketing inmersivo están redefiniendo las reglas del juego en el marketing digital. Estas tecnologías ofrecen a las marcas la oportunidad de crear experiencias envolventes y personalizadas que no solo atraen la atención, sino que también generan conexiones emocionales más profundas con los consumidores. A medida que estas herramientas continúan evolucionando, las marcas que adopten estas estrategias innovadoras estarán mejor posicionadas para destacar en un paisaje digital en constante cambio. La clave del éxito en esta nueva era radica en la capacidad de las marcas para integrar la tecnología de manera efectiva, creando experiencias que no solo informen, sino que también entretengan y enamoren a sus audiencias.